DALLA SCRITTURA AI SOCIAL MEDIA

Come cambiano le nostre vite

di Adele Bianchi e Parisio Di Giovanni
con la collaborazione di
Eugenio Di Giovanni

really new minds

Titolo: Dalla scrittura ai social media
         Come cambiano le nostre vite

Autori: Parisio Di Giovanni e Adele Bianchi
         con la collaborazione di Eugenio Di Giovanni

In copertina: fecondità, ostilità e amicizia in cuneiforme

ISBN-13: 978-1517023669

ISBN-10: 1517023661

Prefazione

Stanno avvenendo cambiamenti che poco o tanto ridisegnano i vari aspetti delle società in cui viviamo e della nostra esperienza. Abbiamo conosciuto cambiamenti pervasivi anche in passato, con la rivoluzione neolitica e con la nascita delle società statali, come pure con le grandi trasformazioni che in tempi più recenti si sono verificate nel mondo occidentale moderno. È la prima volta però che sperimentiamo cambiamenti di questo genere, che penetrano nei vari aspetti della società e della vita, hanno portata globale e al tempo stesso sono così rapidi. Nel giro di decenni o anni assistiamo a mutamenti paragonabili ad altri che in passato si erano verificati nell'arco di millenni o di secoli e interessavano un pezzo di modo alla volta.

È un errore comune pensare che possiamo essere spettatori, che, mentre il mondo ci cambia attorno, guardiamo, a modo nostro ci organizziamo, ma in fondo siamo sempre noi, gli stessi. Quando avvengono certi cambiamenti anche le persone cambiano, profondamente, pure nelle loro menti, nel modo in cui pensano. Gli uomini dopo la rivoluzione neolitica erano diversi da quelli di prima e quelli delle prime società statali coglievano, a volte con nostalgia o un misto di supponenza e invidia, che i vicini rimasti come in precedenza erano in un'altra dimensione di vita e di pensiero.

Che cosa ci sta accadendo? Dove stiamo andando? Decifrare il flusso in cui siamo immersi non è facile. Molti fatti, combinati in una intricata matassa, contribuiscono a ridisegnare il nostro mondo, fatti dell'economia, dell'organizzazione del lavoro, della politica, delle religioni, della scienza, della coscienza ed altri ancora. Gli sviluppi dei media sono tra i più importanti. Capirli avendo in mente il quadro complessivo ci aiuta a sbrogliare la matassa.

Nel libro partiamo dalla nascita della scrittura, il primo salto tecnologico, ancora oggi basilare, per passare alla posta, alla stampa, fino ad arrivare alla rivoluzione informatica degli ultimi anni e a tutte le novità che porta con sè. Ripercorrendo questo cammino vediamo le tante novità che nel tempo si sono intrecciate e già intravvediamo che cosa ci sta accadendo oggi.

Arriviamo così attrezzati allo scenario odierno, dove si affrontano ideologie che condannano i media e altre che li esaltano fino a costruirci sopra utopie. Sono ideologie suggestive e dicono anche cose interessanti, ma ci aiutano a orientarci soprattutto perchè ci fanno capire che conviene guardare alle cose realisticamente e essere pragmatici. Assolutizzano, vedono solo lati negativi o positivi, mentre i media, come tutte le cose prodotte dall'uomo, hanno entrambe le facce, sono come Giano. Guardando attentamente, armati di un freddo approccio pragmatico, ecco che cominciamo a vedere più chiaramente il problema della democrazia, dell'uso delle nuove tecnologie nell'istruzione, di come progredire e aggiornarci in settori specialistici, quali la sanità, o di come usare i social media in azienda o di come porsi di fronte alla conoscenza e alla sua tradizione.

Si profila un'avvincente sfida: abbiamo davanti promettenti opportunità e c'è da lavorare se vogliamo approfittarne e gestire i cambiamenti a nostro favore.

Soprattutto servono menti davvero nuove, per saperi, saper fare e logiche: *really new minds for a changing world*.

Adele Bianchi e Parisio Di Giovanni

Indice

DALLA SCRITTURA
AI SOCIAL MEDIA

Come cambiano le nostre vite

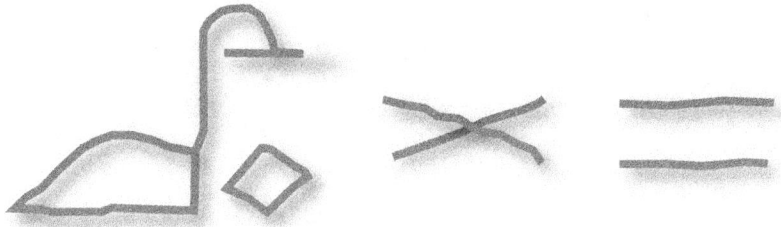

Il cammino dei media

La storia dei media è un cammino ininterrotto dall'antichità ai nostri giorni, che, lungi dall'essere concluso, sembra destinato a proseguire a ritmi più intensi di prima. L'arco di tempo che copre, circa 5.000 anni, è poca cosa se si considera che gli esseri umani come noi (cioè *Homo sapiens sapiens*, la nostra specie) popolano la terra da circa 100 mila anni. I media sono uno sviluppo recente dell'umanità.

Il cammino dei media è fatto di un susseguirsi di fasi successive, contrassegnate da grandi innovazioni e cambiamenti sociali e culturali. Vi si possono riconoscere alcune linee evolutive caratteristiche.

Accumulo. Alcune attrezzature di tecnologia della comunicazione sono scomparse o quasi, soppiantate da altre più al passo con i tempi. Ad esempio, non adoperiamo più tavolette di argilla o papiri per scrivere e i fax sono sempre meno usati, sostituiti dalla posta elettronica, che può essere anche certificata e lasciare traccia come un fax. Nel complesso però l'evoluzione dei media è per accumulo: i nuovi vanno ad aggiungersi ai vecchi, creando a poco a poco un sistema di tecnologie sempre più articolato a disposizione dell'uomo. Così oggi adoperiamo accanto alla neonata Internet la televisione, che va verso il secolo, la radio, che ormai compie 100 anni, il telefono che supera i 100 anni, la stampa che conta un mezzo millennio, la posta e la scrittura, che sono le più antiche.

Andamento esponenziale. Le fasi successive contano più trasformazioni delle precedenti e in tempi più brevi. Il ritmo è stato sempre più incalzante. Circa 4.500 anni intercorrono tra la nascita della scrittura e la stampa, mentre tra la stampa e la radio e la televisione ci sono appena cinque secoli e tra la televisione e i nuovi media meno di mezzo secolo. Com'è stato messo in evidenza, l'accelerazione è tale che a ogni passaggio la durata di ogni fase si riduce a circa un decimo della precedente. Calcoli del genere sono discutibili, perché la suddivisione in fasi è soggettiva, ma danno un'idea dell'andamento esponenziale che caratterizza la storia dei media.

Primato della storia sociale. Non c'è dubbio che la scoperta di nuovi sistemi tecnici abbia reso possibile lo sviluppo dei media. Oggi non adopereremmo i telefoni, i mobili come i fissi, se nella seconda metà dell'Ottocento Manzetti in Italia, Reis in Germania, Hughes in Inghilterra, Gray, Bell, Graham negli Stati Uniti, l'italiano Meucci tra Italia, Cuba e Stati Uniti ed altri non avessero realizzato telefoni sperimentali, i "telegrafi parlanti", come a volte li chiamavano. È sbagliato però pensare che la storia dei media sia una storia di invenzioni.

Una nuova tecnica, seppure dalle potenzialità rivoluzionarie, può restare senza conseguenze di rilievo se non trova un terreno sociale e culturale pronto a valorizzarla. Forse il caso più clamoroso è quello della stampa: i cinesi avevano messo a punto procedure e macchine per stampare molto prima di Gutenberg, ma se ne servivano per realizzare libri a tiratura estremamente limitata. In Occidente invece la scoperta della procedura tecnica ha coinciso con una congiuntura storico-sociale favorevole, con una serie di cambiamenti che hanno portato a fare della stampa una comunicazione di massa (vedi pagina 64). Lo sviluppo delle comunicazioni è innanzitutto una storia sociale e non si può ridurre all'elenco delle scoperte e delle innovazioni tecnologiche. Se fosse così, come dice efficacemente il sociologo francese Philippe Breton, avremmo "una spiegazione gretta e semplicistica secondo la quale il solo protagonista veramente decisivo del cambiamento è l'ingegnere e la storia che vale qualcosa è quella degli oggetti da lui messi a punto".

Nasce la scrittura

La scrittura compare per la prima volta in Mesopotamia verso il 3200 a.C. Qualche tempo dopo la troviamo anche in Egitto e successivamente in Cina, in India, a Creta e in altre località del

Mediterraneo, in Africa e nell'America precolombiana.

Probabilmente, salvo in America precolombiana, dove gli Olmechi e i Maya l'hanno sviluppata autonomamente, altrove la scrittura si è diffusa a partire dal primo focolaio della Mesopotamia, portata con gli scambi commerciali. Questo spiega come mai, ad esempio, mentre in Mesopotamia vediamo la nuova tecnologia perfezionarsi gradatamente e gradatamente assumere il proprio ruolo nella società, in Egitto tutto sembra accadere all'improvviso: il sistema di scrittura si presenta fin dall'inizio nella sua forma matura e l'Egitto nel giro di qualche secolo fa un salto da società preletterata a società che usa la scrittura in vari ambiti e per diversi scopi. Gli Egizi attribuivano la scrittura a un dono degli dei, ma l'ipotesi più probabile è che abbiano appreso i princìpi costruttivi dai vicini popoli della Mesopotamia e che su quella base abbiano elaborato un sistema proprio.

I primi sistemi di scrittura sono tutti ideografici, sono cioè scritture di pensiero, in cui i segni rappresentano concetti, idee, non parole. In Mesopotamia si sviluppa il cuneiforme (dal latino *cuneus* = cuneo), fatto di segni geometrici a forma di chiodo. In Egitto si usa il geroglifico (letteralmente scrittura sacra, da *hierós* = sacro e *glúphein* = incidere), più bello e poetico con le sue magnifiche figure colorate. In Cina il sistema adoperato all'inizio è, seppure con qualche modifica, quello in uso ancora oggi.

CUNEIFORME   GEROGLIFICO   SCRITTURA CINESE

I più antichi sistemi di scrittura ideografica

11

Come si è arrivati alla scrittura ideografica

Nei millenni che precedono la nascita della scrittura gli uomini adoperavano già mezzi per rappresentare le cose e ricordare. Una pietra con incisioni geometriche poteva servire a registrare un conteggio, un dipinto parietale – come quelli magnifici della grotta di Lascaux in Francia o di Altamira in Spagna – poteva fissare scene di animali e uomini. L'interpretazione di queste rappresentazioni dipendeva molto dal contesto, cioè dalle presupposizioni condivise dagli uomini che se ne sono serviti: tant'è vero che oggi possiamo fare solo congetture su ciò che intendevano registrare e i significati precisi ci sfuggono.

Le pitture parietali della grotta di Lascaux

Sono i dipinti famosi della "rotonda" o "sala dei tori", che risalgono al paleolitico. Grotte decorate simili si trovano in altre località dei Pirenei. Non sappiamo con esattezza quale fosse il significato di questi dipinti. Le grotte non erano abitate, anche se venivano frequentate. Stranamente le decorazioni si trovavano nella parte più interna, dove c'è meno luce e dove è più difficile accedere. Anche se molto si è detto sul senso artistico di questi dipinti, è probabile che avessero un significato religioso. Forse venivano realizzati nel contesto di riti propiziatori, legati alla caccia o alla riproduzione, dopo una sorta di pellegrinaggio dentro la grotta. Per cogliere esattamente il significato dei dipinti parietali preistorici dovremmo essere in grado di conoscere il contesto in cui sono stati realizzati e usati.

I primi sistemi di scrittura ideografica sono nati proprio dai dipinti e dai disegni, attraverso sviluppi che hanno reso possibile un'interpretazione svincolata dalla necessità di conoscere il contesto originario, cioè il tipo di interpretazione che caratterizza la lettura. Se ci riflettiamo, una caratteristica della scrittura è proprio che ci permette di cogliere il senso senza bisogno di conoscere più di tanto la situazione in cui quei segni sono stati prodotti. Questo la rende più potente di altri mezzi di comunicazione che pure si avvalgono di simboli.

In Mesopotamia le testimonianze rimaste permettono di ricostruire le tappe attraverso le quali è maturata la scrittura. Il primo passo è stato semplificare e soprattutto standardizzare le raffigurazioni degli oggetti in modo da creare un codice pittorico: i disegni si sono trasformati così in pittogrammi, immagini ancora realistiche, ma convenzionali. Sono stati ideati poi simboli per indicare i concetti astratti, di cui il nostro pensiero e il nostro linguaggio sono ricchi.

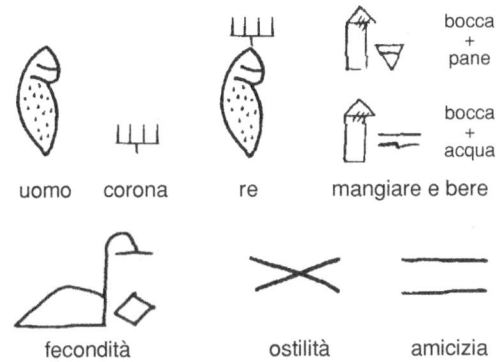

Pittogrammi standardizzati del cuneiforme

Il segno di *uomo* ricorda la figura umana, non fosse altro perché ha un capo e un corpo. Secondo alcuni rappresenta un uomo avvolto. C'è comunque una vaga somiglianza con i personaggi rappresentati sui bassorilievi mesopotamici. Componendo segni diversi se ne potevano ottenere di nuovi, col vantaggio che era più facile tenerli a memoria. *Corona* in testa a *uomo* fa *re*, *bocca* accanto a *pane* sta per *mangiare* e *bocca* accanto a *acqua* indica *bere*. Efficaci sono i segni adoperati per i concetti astratti. Il volatile con l'uovo accanto indica la fecondità, le due linee che si incrociano l'ostilità e le parallele l'amicizia, l'affinità.

Il segno di uomo ricorda la figura umana, non fosse altro perché ha un capo e un corpo. Secondo alcuni rappresenta un uomo avvolto. C'è comunque una vaga somiglianza con i personaggi rappresentati sui bassorilievi mesopotamici. Componendo segni diversi se ne potevano ottenere di nuovi, col vantaggio che era più facile tenerli a memoria. Corona in testa a uomo fa re, bocca accanto a pane sta per mangiare e bocca accanto a acqua indica bere. Efficaci sono i segni adoperati per i concetti astratti. Il volatile con l'uovo accanto indica la fecondità, le due linee che si incrociano l'ostilità e le parallele l'amicizia, l'affinità.

Combinando più pittogrammi in un dato ordine lineare si potevano costruire frasi. Ad esempio, la sequenza di segni

voleva dire (la scritta va letta da destra a sinistra) *uomo casa va*. Una frase come questa però è rudimentale, formalmente non rifinita. Somiglia alle frasi telegrafiche che costruiscono i bambini prima dei 2-3 anni, combinando due o tre parole: "no pappa", "là cane", "bimbo acqua". In *uomo casa va* mancano l'articolo e la preposizione: la frase diventa completa se scriviamo *un uomo va a casa*.

C'è il problema però che *un* e *a* sono parole funzionali, cioè parole che fanno da collegamento nelle frasi, ma che non corrispondono ad alcun oggetto reale. Come indicare queste parole? Sarebbe bastato scegliere una serie di segni arbitrari e farli corrispondere per convenzione alle parole funzionali della lingua. L'idea di segni arbitrari era però estranea alla prima scrittura, legata alla logica pittografica, per cui il segno deve somigliare a ciò che rappresenta.

Gli uomini della Mesopotamia si servirono di un espediente che ricorda i rebus: usarono pittogrammi che invece di indicare l'oggetto raffigurato indicavano il suono del nome dell'oggetto. Ad esempio, in sumero (la più antica lingua della Mesopotamia) *un* si diceva *sciu* e *a* si diceva *e*. La parola *sciu* si usava anche per dire *mano* e la parola *e* per dire *fossato*. Con i pittogrammi di mano e fossato era possibile perciò costruire la frase completa *un uomo a casa va*, così:

I pittogrammi adoperati per le parole funzionali sono segni fonetici, detti così perché in realtà, con un astuto stratagemma, ritraggono i suoni di quelle parole nella lingua. Il loro impiego faceva sorgere un altro problema: come distinguere il caso in cui il pittogramma veniva usato per indicare la parola funzionale da quello in cui indicava l'oggetto? Se in un testo si incontrava il pittogramma della mano, bisognava leggere *sciu* nel senso di *mano* o di *un*? Erano di aiuto i cosiddetti segni determinativi, un terzo tipo di segni che nei casi dubbi servivano a precisare come intendere le cose lette. I determinativi venivano affiancati anche a molti pittogrammi che, pur riferendosi a cose del mondo, erano ambigui. Ad esempio, lo stesso segno veniva adoperato per *aratro* e per *contadino*, ma con determinativi diversi, uno indicante il legno (gli aratri erano di legno), l'altro l'uomo.

MATERIALI PER SCRIVERE

Per scrivere occorrono supporti adatti e strumenti per tracciare i segni. La cosa più importante nella scrittura è senz'altro il sistema, la logica della tecnologia: l'invenzione della scrittura non è stata un'invenzione materiale, ma intellettuale. Tuttavia i materiali per scrivere hanno il loro peso nella storia della scrittura. Dai materiali dipendono le abilità manuali che bisogna acquisire per imparare a scrivere, ma ci sono aspetti ben più significativi.

Alcuni supporti consentono più agevolmente di altri di creare biblioteche e archivi, alcuni sono più trasportabili e facilitano la corrispondenza a distanza mediante corrieri o veri e propri sistemi postali. Ci sono modi di scrivere (come l'incisione su pietra o su legno) nei quali lo scritto tende a essere permanente, per cui è difficile correggere o modificare i testi e altri che invece permettono di riscrivere pezzi o di riutilizzare il supporto.

continua ▸▸▸

I materiali possono condizionare anche il sistema di scrittura. L'aspetto prosaico del cuneiforme, così diverso dal geroglifico e anche dalla scrittura cinese, riflette la mentalità e la cultura delle genti della Mesopotamia, ma in parte dipende dalle tecniche materiali di scrittura.

L'influenza dei materiali sul sistema può essere anche più profonda. Il cuneiforme ha avuto un'evoluzione verso un'astrattezza sempre maggiore, che ha preparato il terreno per il passaggio a un nuovo sistema di scrittura di tipo alfabetico. Probabilmente questa evoluzione è stata condizionata dagli strumenti facili da adoperare e dalla manualità degli scribi della Mesopotamia, che procedevano velocemente e tendevano a stilizzare i simboli.

Sia in Mesopotamia, sia in Egitto, sia in altri posti le iscrizioni monumentali e solenni, destinate a essere viste da tutti e a rimanere, erano su pietra. Per la scrittura corrente in Mesopotamia si utilizzavano tavolette di argilla (il territorio non offriva di meglio), sulle quali si incideva con bastoncini appuntiti di legno o di canna.

In Egitto si adoperava una grande varietà di materiali, dalle tavole di legno alle ceramiche, ai teli di lino, alle pelli di animali, ma la grande invenzione degli Egizi sono stati i papiri: i primi fogli della storia, prodotti con i fusti del papiro, pianta che cresceva in abbondanza nelle paludi attorno al Nilo. Sul papiro si scriveva con i calami, bastoncini di giunco di una ventina di centimetri, intinti in inchiostro, nero per il testo corrente e rosso per i titoli, gli inizi di capitoli e i nomi degli dei. I fogli, che potevano arrivare fino a quaranta metri si conservavano in rotoli.

In Cina venivano usati materiali di origine animale, quali ossa e gusci di tartaruga, e la seta, molto costosa. In India erano comuni le foglie di palma e il cotone.

La strumentazione dello scriba egiziano comprendeva, oltre al papiro, l'astuccio con i calami (a sinistra), la tavoletta (in basso) per lisciare il foglio e per appoggiarsi e il calamaio a due vaschette, per l'inchiostro nero e per il rosso. Dalle raffigurazioni sappiamo che si scriveva seduti a gambe incrociate con l'attrezzatura in grembo o inginocchiati con l'attrezzatura sulle ginocchia.

Come spiegare l'invenzione di sistemi di scrittura

I primi sistemi ideografici, pur nella loro diversità, si somigliano nella logica costruttiva e, come il cuneiforme, hanno tre tipi di segni. I pittogrammi puri rappresentano in modo codificato oggetti del mondo reale. Ci sono poi i segni fonetici a rebus, che indicano parole funzionali raffigurando oggetti che hanno nomi dal suono simile e infine i segni determinativi, per chiarire come interpretare i segni ambigui. Se analizziamo attentamente i sistemi ideografici, ci rendiamo conto che inventarli è stato un'opera di ingegno davvero straordinaria. Che cosa ha spinto gli uomini a farlo?

La scrittura è nata per rispondere a esigenze pratiche, legate agli affari, alla regolamentazione dei rapporti tra privati e all'organizzazione della pubblica amministrazione. I più antichi documenti scritti trovati in Mesopotamia sono inventari di beni, registri contabili, contratti di compravendita, atti di proprietà, messaggi affidati ad ambasciatori.

Un documento per attestare le proprietà di una persona

Quasi tutti i più antichi documenti scritti sono stati trovati nel sito dell'antica città di Uruk (oggi Warka). Sono migliaia e per la maggior parte si tratta di registri contabili del tempio. La tavoletta qui sopra, antichissima (come si vede dal carattere pittografico dei segni) è un atto di proprietà: gli alberi, le piante di cereali, i sacchi di granaglie, gli attrezzi agricoli rappresentati – per quel che si può capire – sono della persona di cui è raffigurata la mano (in alto a destra).

Buste per garantire la fedeltà dei testi

In Mesopotamia in alcune epoche si usavano buste di argilla per avvolgere le tavolette. Lo scopo non era di solito la riservatezza, ma la salvaguardia dell'integrità del testo. Ad esempio, un contratto appena stilato poteva essere riposto in busta. Se a distanza di tempo sorgevano contestazioni, si apriva la busta e faceva fede quel che c'era scritto.

Solo in un secondo tempo compaiono le iscrizioni monumentali sulle pareti dei templi, le steli che ricordano avvenimenti storico-politici, le opere letterarie come la famosa Epopea di Gilgamesh. La poesia, la letteratura, la religione, la storia leggendaria del popolo – come dice Albertine Gaur, nella sua storia della scrittura – si arrangiano ottimamente con le tecniche di tradizione orale, anzi le trovano più congeniali, perché più elastiche e adattabili.

Nella politica, nella pubblica amministrazione e nei rapporti di interesse la scrittura risulta invece preziosa, perché conserva intatte le informazioni e non lascia spazio a ripensamenti, a falsificazioni postume o a facili fraintendimenti: è un testimone fedele. Compilato l'inventario di un magazzino, non bisognava fare sforzi per ricordare che cosa conteneva e diventava facile accertare un ammanco. Una volta scritto un contratto o un atto di proprietà, i rapporti di interesse erano fissati, diventavano atti pubblici, perché tutti in qualsiasi momento potevano andare a vedere come stavano le cose. Se un re inviava un messaggio scritto a un altro re o dava disposizioni per iscritto ai funzionari, poteva stare più tranquillo. Allo stesso modo il commerciante che ordinava la merce per iscritto si sentiva tutelato in caso di contestazione.

Il messaggero – si dice in un poema epico sumero – *aveva la lingua pesante* […] *e non era capace di ripetere il messaggio, il signore di Kullab* (Uruk) *impastò l'argilla e vi incise le parole come in una tavoletta…*

Strumenti per società più organizzate

Il fatto che sia stata elaborata inizialmente in vista di scopi pratici spiega come mai la scrittura faccia storicamente la sua comparsa in determinate società, strutturate e con complesse attività organizzate e gestite dall'alto.

In Mesopotamia troviamo una popolazione stanziale, che vive di agricoltura e allevamento, ma con raffinati sistemi di sfruttamento delle risorse ambientali. L'agricoltura è intensiva, lavora in modo efficiente i terreni grazie all'aratura, l'irrigazione e la concimazione. Anche l'allevamento è intensivo, con gli animali tenuti in stalle o recinti e accuditi. Ci sono poi un commercio e un artigianato sviluppati e un insediamento di tipo urbano, cioè con città che controllano le aree rurali circostanti.

La società si presenta ben organizzata: c'è divisione del lavoro, ci sono categorie stratificate e distinte per compiti sociali e c'è un forte potere centrale di tipo statale. La gestione statale è particolare, perché è improntata a criteri razionali e portata avanti fermamente e metodicamente attraverso un apparato politico-amministrativo che dal vertice si diffonde capillarmente alla base. È un misto di potere, capacità intellettuali e meticolosità burocratica: tre anime impersonate dai re, dal clero colto e dai funzionari.

Una gestione centralizzata del genere consentiva di dominare l'ambiente, tenere in efficienza la macchina produttiva e mantenere unita la società. L'agricoltura, a causa del comportamento imprevedibile dei fiumi (il Tigri e l'Eufrate) era possibile – come è ancora oggi in quella parte dell'Iraq che corrisponde all'antica Mesopotamia – solo grazie a una fitta rete di canali. La canalizzazione delle acque richiedeva però la realizzazione e la manutenzione di grandi opere idrauliche, cioè il lavoro coordinato di ingegneri, tecnici, operai. Bisognava assicurare poi che i prodotti dell'agricoltura e dell'allevamento andassero a sfamare anche tutte quelle categorie non impegnate nell'economia primaria, ma indispensabili al funzionamento della macchina produttiva, come gli operatori idraulici, gli artigiani, i commercianti, i burocrati. Erano i sacerdoti a incaricarsi di conservare le provviste nel tempio e di distribuirle alla popolazione.

Sorprendentemente presso i popoli dell'America centrale che, come i mesopotamici, hanno sviluppato autonomamente la scrittura troviamo condizioni assai simili. L'agricoltura non era intensiva e non c'era un allevamento stanziale come quello della Mesopotamia. Tuttavia lo sfruttamento delle risorse ambientali era comunque elevato grazie alla complessa organizzazione delle attività produttive. Le risorse ricavate dal territorio consentivano di sostenere categorie di non produttori e altre attività. Accanto all'agricoltura e all'allevamento c'erano artigianato, commercio, costruzione di grandiose opere pubbliche, un clero istruito e legato al sovrano e un'amministrazione centrale illuminata, decisa e efficiente.

Tratti simili si riscontrano in Egitto e negli altri luoghi dove la scrittura ha trovato inizialmente accoglienza. In tutti questi contesti culturali la scrittura rappresentava una grande risorsa: era un mezzo potente per formalizzare i rapporti e per pianificare, far funzionare e controllare la macchina organizzativa della società.

Scrivere per pianificare disponibilità e uso delle risorse
Scene come quella rappresentata in questo affresco egizio dovevano essere frequenti. I braccianti riempiono i moggi adoperati per misurare il raccolto. L'uomo seduto sul mucchio di grano li conta e gli scribi, vigili, annotano. Per un popolo la cui agricoltura era legata ai ritmi del Nilo era importante quantificare i raccolti per programmare le quote da destinare alla semina, alla popolazione e alle riserve.

Dalla scrittura delle idee alla scrittura dei suoni

Il principale sviluppo della scrittura è stato il passaggio dai sistemi ideografici ai sistemi fonetici, cioè a scritture i cui segni indicano i suoni della lingua parlata, anziché le idee. Spesso si parla di"rivoluzione dell'alfabeto"o di"invenzione dell'alfabeto". Queste espressioni sono di sicuro effetto e facili da capire per noi che siamo abituati a un sistema di scrittura alfabetico, ma sono inesatte, perché non tutti i sistemi fonetici sono alfabetici e i primi sistemi fonetici della storia sono stati consonantici, cioè privi di vocali.

Le più antiche iscrizioni in sistema fonetico sono state rinvenute a Ugarit, in Siria, e risalgono al 1500 a.C. circa. Sono in un cuneiforme trasformato, che adopera solo 22 segni: l'ugaritico. Sono stati però i Fenici, mercanti e navigatori che commerciavano con tutti i popoli del Mediterraneo, a diffondere il loro sistema di scrittura, fonetico e consonantico. La lingua fenicia era povera di vocali, come tutte le semitiche, per cui riportando solo le consonanti le parole si capivano egualmente.

Nei secoli successivi dalla scrittura fenicia sono nate altre scritture consonantiche: l'aramaica, in cui sono scritti alcuni libri dell'Antico Testamento, l'ebraica, in cui sono stati scritti gli altri libri della Bibbia, l'araba, che a partire dal VI secolo d.C., assieme alla religione islamica, si è diffusa in Africa settentrionale, Asia Minore, India musulmana e Cina orientale, e altre scritture africane. La scrittura ebraica e quella araba, seppure con qualche variazione, sono in uso ancora oggi e delle antiche scritture africane sopravvivono l'etiopica e il tifinagh, la scrittura dei Tuareg, adoperata – caso raro – dalle donne e solo per scopi pratici: i Tuareg affidano alla tradizione orale i testi significativi della loro cultura.

L'alfabeto in senso stretto, con consonanti e vocali, compare in Grecia verso l'VIII secolo a.C.: a differenza delle lingue semitiche il greco è ricco di vocali. Con l'alfabeto greco è stata scritta una delle più ricche letterature della storia dell'umanità, in seno alla quale nel VI-V secolo a.C. è nata la filosofia. I Greci colonizzarono il Mediterraneo e l'alfabeto passò agli Etruschi e poi ai Romani. Probabilmente furono sempre i Greci a portare l'alfabeto alle popolazioni indù dell'India e a fornire le basi per la scrittura brahaminica. Con l'impero romano e con il cristianesimo l'alfabeto latino si diffuse in buona parte dell'Europa.

Come si è arrivati a pensare di scrivere i suoni?

Non sappiamo chi e come ha inventato il primo sistema fonetico. Devono essere state le esigenze pratiche a spingere a ideare un metodo più semplice e maneggevole. È certo comunque che le premesse per il salto tecnologico c'erano già nei sistemi ideografici. L'idea che si possano scrivere i suoni si era affacciata sin dall'inizio.

Nel cuneiforme, per risolvere il problema delle parole funzionali ci si era trovati a rappresentare suoni. I casi in cui anziché oggetti del mondo venivano rappresentati suoni erano pochi, perché le parole funzionali rappresentano una minima parte del vocabolario di una lingua. Inoltre il fatto che si ricorresse ai rebus indica che si era legati a una concezione pittorica, realistica dei segni della scrittura. In ogni caso i segni fonetici all'interno dei sistemi ideografici implicavano un'importante scoperta: l'idea che si potessero scrivere i suoni.

Per arrivare a un sistema interamente basato sulla scrittura dei suoni era necessario però scoprire qualcos'altro: l'arbitrarietà. Occorreva rendersi conto che un segno della scrittura può essere arbitrario, cioè funzionare bene anche se non ha alcun rapporto di somiglianza con ciò che rappresenta.

Sembra che al principio dell'arbitrarietà si sia arrivati automaticamente, trascinati dall'evoluzione stessa dei sistemi di scrittura. Ancora una volta hanno giocato un ruolo decisivo i problemi pratici.

Il bisogno di essere rapidi nello scrivere ha portato a stilizzare sempre più i pittogrammi. In Mesopotamia, dove si incidevano supporti di argilla, la ricerca della rapidità ha portato a stilizzare le figure fino al punto che le immagini raffigurate sono diventate irriconoscibili. Tutto fa credere che da un certo punto in poi neppure gli scribi riuscissero a vedervi gli oggetti rappresentati: per loro il nesso tra segno e significato era diventato arbitrario. Ce ne possiamo rendere conto esaminando l'evoluzione del segno di *uomo*.

continua ▶▶▶

La rotazione ha prodotto il primo camuffamento dell'immagine. È dovuta al fatto che gli scribi, per andare spediti, hanno cominciato a incidere con la mano destra tavolette di argilla tenute – le tavolette in genere erano piccole – nel palmo della mano sinistra. In queste condizioni era più naturale tracciare segni orizzontali che verticali. Successivamente la figura diviene geometrica e spigolosa. Poi è ottenuta combinando segni a forma di chiodo. Infine la struttura dell'insieme dei segni a chiodo si trasforma. A questo punto il segno di uomo non è più riconoscibile in quanto richiama l'immagine originaria, ma solo perché quella combinazione di tratti è diversa dalle combinazioni di tratti adoperate per indicare altri oggetti: è diventato un segno arbitrario.

Anche in Egitto c'è stata un'evoluzione simile. Tuttavia ci si è spinti meno verso l'astrattezza, perché le attrezzature adoperate nella scrittura corrente (il papiro, il calamo e l'inchiostro) consentivano di procedere speditamente senza deformare troppo le immagini. In Egitto poi la deformazione dei segni è avvenuta solo nella scrittura popolare, il demotico. Le scritture più "alte", il corsivo e lo ieratico, la scrittura sacerdotale, sono rimaste pittografiche.

Vantaggi e svantaggi dello scrivere i suoni

I sistemi fonetici sono vantaggiosi perché più facili e pratici da usare. Gli ideografici impiegano un gran numero di segni: il cuneiforme ne aveva inizialmente circa 2.000, il geroglifico è arrivato ad averne circa 5.000, il cinese oggi ne ha circa 50 mila, anche se per l'uso quotidiano ne bastano 3-4.000. In Egitto e in Cina l'estetica e la chiarezza degli scritti hanno preso il sopravvento sui problemi pratici di scrittura, per cui col passare del tempo il numero dei segni è cresciuto. Nella storia della Mesopotamia invece si è cercato di ridurlo sempre più: ciononostante non si è riusciti a scendere sotto i 600.

A causa del gran numero di segni leggere e scrivere con un sistema ideografico è impegnativo: c'è molto da imparare e da ricordare. In Mesopotamia si cercava di aiutare la memoria in tutti i modi: c'erano repertori da consultare, ma erano pensati per alleggerire la memoria anche certi espedienti del sistema di scrittura. I pittogrammi composti, mettendo assieme più immagini, aiutavano a capire di che cosa si trattava (figura pag.13). Qualcosa di simile facevano i determinativi affiancati ai pittogrammi ambigui, come nel caso del legno o dell'uomo vicino all'aratro, che lasciano intendere in un caso che si parla dell'aratro e nell'altro che ci si riferisce al contadino. Con tutto ciò il curriculum scolastico degli scribi prevedeva estenuanti esercizi di memorizzazione e di copiatura.

Adoperando un sistema fonetico leggere e scrivere diviene assai più semplice, perché per rappresentare tutte le parole della lingua bastano poche decine di segni. Perciò la cosiddetta rivoluzione alfabetica ha portato con sé un uso più ampio della scrittura e anche una certa democratizzazione delle lettere e del sapere: leggere e apprendere dai testi è divenuto un'opportunità alla portata di un maggior numero di persone.

Scrivendo con un sistema fonetico c'è anche il vantaggio che i testi occupano meno spazio, cosa che fa risparmiare sui materiali e facilita l'immagazzinamento. I sistemi fonetici però presentano anche svantaggi.

Il limite principale dei sistemi fonetici è che sono legati a una lingua particolare: chi scrive scrive in una lingua e chi legge può leggere solo in quella lingua. Un testo scritto in sistema ideografico può essere decifrato anche da persone che parlano lingue diverse, purché conoscano il sistema di scrittura. Invece per leggere un testo in sistema fonetico non basta conoscere il sistema di scrittura, ma occorre conoscere anche la lingua in cui è stato scritto: ci sono due decodifiche da fare, una della scrittura, l'altra delle parole.

I Fenici hanno potuto adottare tranquillamente un sistema fonetico, pur commerciando nel Mediterraneo, perché operavano in condizioni particolari. In ogni nodo della loro rete commerciale avevano agenti che parlavano sia la loro lingua che la lingua locale. Per iscritto s'interfacciavano con questi, per cui non avevano bisogno di una scrittura fruibile da gente di lingue diverse. A loro interessava soprattutto che il sistema di scrittura fosse pratico e facile da usare.

In Cina fino a oggi si è mantenuto un sistema ideografico anche per evitare di legare la scrittura a una determinata lingua. Nel paese si parlano dialetti reciprocamente incomprensibili e lingue diverse. Il sistema ideografico ha consentito di avere una tradizione scritta comune, accessibile a tutti, pur nella varietà linguistica.

Anche l'antica Mesopotamia si trovava in una situazione simile a quella cinese, essendo in realtà un crogiolo multietnico con Sumeri, Accadi, Elamiti, Gutei, Amorriti, Hurriti, Cassiti, Ittiti e altri popoli che arrivavano dalle zone limitrofe attratti dalla civiltà. Tuttavia in Mesopotamia le esigenze pratiche, specie il bisogno di annotare rapidamente le cose, hanno avuto il sopravvento.

L'editoria medievale di libri scritti a mano

Nel medioevo, in Europa, la storia della scrittura è caratterizzata dall'arte dei copisti. Si realizzano copie di testi biblici e di opere classiche. Sono libri destinati alle biblioteche che si trovano presso i monasteri e le cattedrali o commissionati per proprio uso da privati, soprattutto nobili e esponenti del clero.

Si scrive sulla pergamena, introdotta a Pergamo nel II secolo a.C., foglio che si ottiene trattando pelli di animali. La pergamena è più resistente del papiro e, se ben fatta, consente di scrivere sui due lati. È possibile così sostituire l'ingombrante rotolo con raccolte di pagine rilegate a libro: sono i preziosi codici manoscritti medievali.

Una buona pergamena assorbe l'inchiostro al punto giusto e consente grande finezza nel tracciare i segni, con la penna d'oca o col pennello. C'è modo di sbizzarrirsi dando vita a un'editoria manoscritta artistica. Le pagine dei codici medievali hanno colori stupendi e sono arricchite da straordinarie decorazioni e minia-

Amanuense, da miniatura del XV secolo, Parigi, Gabinetto delle stampe.

Lettera miniata dal *Libro delle conclusioni*, XV secolo, Parigi, Registro della Sorbona.

ture, con disegni di fiori, personaggi, paesaggi.

Il lavoro viene svolto nei monasteri, dove monaci specializzati, gli amanuensi, passano le giornate a copiare opere della biblioteca, al ritmo di tre o quattro pagine al giorno. A differenza degli scribi della Mesopotamia e dell'Egitto, questi monaci non sono intellettuali di potere, ma umili calligrafi, che lavorano per il Signore e ai quali è vietato vantarsi di ciò che hanno fatto, anche se a volte si tratta oggettivamente di capolavori. Spesso gli amanuensi sono coadiuvati da laici, soprattutto artisti, bravi miniaturisti, chiamati a collaborare per le decorazioni.

Un problema che affligge i manoscritti medievali è costituito dagli errori di copiatura. Se passavano inosservati, errore dopo errore, i testi originali si alteravano, fino a trasformarsi radicalmente. A cavallo tra VIII e IX secolo Carlo Magno, re dei Franchi, intraprese una grandiosa opera di revisione dell'editoria manoscritta, imponendo il controllo dell'esistente e la realizzazione di copie nuove a partire dalle fonti originali. Dopo di lui il riscontro e la correzione sistematica divennero abituali.

Tuttavia gli errori, anche quando venivano scoperti e corretti, erano un problema, perché le correzioni andavano a rovinare l'opera grafica. L'amanuense si trovava nel dilemma se rifare le pagine o inserire le correzioni. Rifare pagine era troppo oneroso, per cui abitualmente si sceglieva la seconda strada. Un piccolo errore poteva essere corretto senza danno estetico raschiando e riscrivendo. Se mancava una parola, veniva scritta a margine con un segno, ad esempio un dito, che indicava il punto dove inserirla. Quando mancava un intero pezzo, si riportava a fondo pagina, sempre con indicazioni per inserirlo correttamente: ad esempio, una serie di immagini di personaggi che risaliva fino al punto in questione. Le trovate erano fantasiose, ma l'eleganza dell'opera manoscritta ne risentiva.

Che cosa accade della scrittura con gli sviluppi tecnologici successivi

A partire dal XV secolo, con l'avvento della stampa, gli amanuensi gradatamente scompaiono. Si continua ovviamente a scrivere a mano per prendere appunti, redigere lettere o per altri scopi privati. Nascono poi nuovi professionisti della scrittura manuale: gli scrivani pubblici, che lavorano presso i notai, i tribunali, gli uffici.

Nel XVII secolo la penna d'oca viene sostituita dalla penna di metallo o dal pennino di metallo, che in un primo tempo è d'oro, perché solo l'oro ha la flessibilità che il pennino deve avere. Quando l'industria riesce a produrre leghe adatte, compaiono penne e pennini di metallo non prezioso, alla portata di tutti.

Nella storia successiva della scrittura un importante sviluppo tecnologico si è verificato con l'introduzione delle macchine per scrivere. Il lavoro manuale di tracciare segni è stato meccanizzato: bastava schiacciare i tasti e la macchina provvedeva a fare il resto.

I primi tentativi di meccanizzare la scrittura risalgono al XVI secolo. Il primo brevetto viene registrato in Inghilterra nel XVII secolo, ma i primi prototipi rimasti sono della prima metà dell'Ottocento. A realizzarli sono quasi contemporaneamente tre italiani: Agostino Fantoni con l'aiuto dell'ingegnere Pellegrino Turri, Piero Conti e Giuseppe Ravizza. Quest'ultimo brevettò la sua macchina nel 1855 e la chiamò "cembalo scrivano", perché ricordava lo strumento musicale. Questi primi prototipi sono stati costruiti per i non vedenti, per rendere loro più agevole lo scrivere. In effetti l'operazione di schiacciare tasti in punti prestabiliti ha meno bisogno del controllo della vista, specie una volta che ci si è abituati.

La produzione di macchine da scrivere su larga scala comincia alla fine dell'800 negli Stati Uniti, ad opera della Remington e della Underwood. Nel 1908 l'Olivetti avvia la produzione in Italia.

Il "cembalo scrivano" di Giuseppe Ravizza, Milano Museo Nazionale della Scienza e della Tecnologia.

Una delle prime Remington, Cortona Collezione Ettore Poccetti.

Il principale vantaggio delle macchine da scrivere non sta nell'alleggerimento del lavoro dell'operatore. Scrivere a mano, almeno con i sistemi moderni, cioè con carta e penna, non è impegnativo. Oltretutto chi scrive a macchina ha una posizione obbligata, scomoda e poco ergonomica. Il testo scritto a macchina però si presenta meglio, è più ordinato e soprattutto è standardizzato, non varia a seconda delle tendenze grafiche individuali. Perciò la scrittura meccanica si è imposta nelle comunicazioni formali, dove apparenza e chiarezza sono essenziali, mentre la scrittura manuale ha resistito nelle comunicazioni informali, dove è più importante la personalizzazione dello scritto.

Nel corso del '900 le macchine per scrivere meccaniche sono state sostituite dalle elettriche e negli ultimi decenni si è diffusa la videoscrittura. Quest'ultima risolve in maniera radicale i problemi della correzione – che avevano afflitto i copisti medievali e che restavano con le macchine da scrivere – perché è possibile modificare i testi a volontà senza danneggiare il risultato finale.

La possibilità di produrre versioni successive di un testo rimaneggiando e inserendo pezzi ha determinato anche un diverso rapporto tra il flusso di pensieri dell'autore e la scrittura. Lo scrittore Primo Levi, in *L'altrui mestiere*, racconta il suo primo impatto con la videoscrittura.

Due mesi fa, nel settembre del 1984, mi sono comprato un elaboratore di testi, cioè uno strumento per scrivere che va a capo automaticamente a fine riga, e permette di inserire, cancellare, cambiare istantaneamente parole o intere frasi; consente insomma di arrivare d'un colpo ad un documento finito, pulito, privo di inserti e di correzioni. Non sono certo il primo scrittore che si è deciso al salto. Solo un anno fa sarei stato giudicato un audace o uno snob; oggi non più, tanto il tempo elettronico corre veloce.

Levi però esplicita anche paure, legate al carattere virtuale della videoscrittura, almeno fino a che non si è provveduto a una stampa.

Qui tu scrivi, le parole appaiono sullo schermo nitide, bene allineate, ma sono ombre: sono immateriali, prive del supporto rassicurante della carta. "La carta canta", lo schermo no; quando il testo ti soddisfa, lo "mandi su disco", dove diventa invisibile. C'è ancora, latitante in qualche angolino del disco-memoria o l'hai distrutto con qualche manovra sbagliata.

In realtà la preoccupazione di Primo Levi non è molto fondata. Gli scrittori tendono ad averla ancora oggi e sul piano psicologico è comprensibile che siano preoccupati di perdere il frutto di un impegnativo lavoro di ideazione e scrittura. Perciò spesso, mentre scrivono un libro, ogni volta che terminano un segmento di lavoro, stampano quel che hanno prodotto e così si sentono più sicuri.

In realtà però sappiamo che il formato elettronico dà più garanzie quando archiviamo testi. I backup ci mettono al riparo da guasti dei supporti informatici ed è più facile rintracciare determinati testi o parti di testi tra i tanti che abbiamo archiviati. I testi cartacei invece si accumulano, occupano spazio e per essere agevolmente rintracciati hanno bisogno di un impegnativo lavoro di catalogazione e collocazione.

L'archiviazione elettronica è più vantaggiosa anche perché possiamo portare con noi i testi o spedirli via e-mail. È anche meno costosa.

La videoscrittura si è evoluta con la creazione di software che correggono i testi o che danno suggerimenti nel mentre si scrive. Questi software possono essere di aiuto, rendendo più spedito il lavoro di scrivere e segnalando errori, più che altro di battitura. Hanno però il grosso limite di introdurre errori o di cambiare il testo stravolgendo i contenuti. Così chi scrive, se vuole un testo corretto e rispondente a ciò che vuole esprimere, è costretto a fare un'attenta opera di revisione.

I software di correzione e suggerimenti possono causare incidenti, piccoli o grandi, specie quando si scrivono e-mail o messaggi. Ad esempio, la signora S. scrive al signor P. una e-mail per chiarire una cosa che gli ha scritto in precedenza e che le sembra possa essere stata male interpretata. Il signor P. risponde che tutto è chiaro e che non c'è problema e saluta così: «Spero ci sia modo di restare in contatto e magari rivedersi». Il software però sostituisce "rivedersi" con "ricredersi" e l'e-mail parte. Dopo averla spedita il signor P. si accorge del problema e si affretta a scrivere una nuova e-mail di chiarimento, cui segue un'altra e-mail della signora S.

Vicende del genere assorbono risorse mentali e testimoniano senza dubbio il lato problematico di certi sviluppi tecnologici, che pure hanno una qualche utilità. Interessanti sono poi i software che traducono testi in varie lingue. Anche qui troviamo pro e contro. Da un lato per chi scrive, come per chi legge, si apre l'universo delle lingue del mondo, cui in passato non accedeva o poteva accedere solo faticosamente. Dall'altro però i sistemi di traduzione, per quanto vengano continuamente migliorati, sono difettosi e possono farci scrivere testi che vengono fraintesi o inquadrati come "strani".

Dal mondo dell'oralità al mondo della scrittura

Sono stati cambiamenti della vita sociale a stimolare la nascita e lo sviluppo della scrittura, in particolare la maggiore organizzazione delle attività, che ha richiesto strumenti di documentazione. Al tempo stesso l'arrivo della scrittura ha trascinato con sé cambiamenti di vita. Sembra si sia trattato di una vera e propria rivoluzione, che ha interessato vari aspetti, dal modo di pensare al modo di comunicare, alla tradizione, alla produzione intellettuale, alla struttura della società.

Si parla spesso di culture orali o illetterate contrapposte a culture scritte o letterate. Il termine "cultura" va inteso nel senso dell'antropologia, cioè come il complesso dei modi di pensare, di agire, di organizzarsi in società e vivere di un popolo. Con la nascita della scrittura si è passati da culture orali, o meglio a oralità primaria (che non hanno la scrittura e ne ignorano l'esistenza), a culture letterate, che conoscono e usano la scrittura.

La distinzione tra i due tipi di cultura è utile, specie perché ci aiuta a capire che la scrittura ha provocato un salto da un mondo all'altro. Il merito di aver attirato l'attenzione su quanto sia stata profonda la trasformazione è dello studioso statunitense Walter Ong, che in *Orality and Literacy*, del 1982, fa un'analisi sistematica delle differenze tra i due mondi.

Anche se sicuramente utile, la distinzione non è netta e va presa con cautela. Le culture senza scrittura quasi mai sono completamente prive di sistemi di registrazione: ricorrono a dipinti, disegni, pittogrammi poco standardizzati e in genere a segni poco comprensibili per gli estranei, ma carichi di significato per le persone accomunate da quell'entroterra culturale. Perciò i popoli a oralità primaria, vissuti prima che la scrittura nascesse o che la ignorano, hanno comunque una certa esperienza di segni per comunicare e ricordare.

Una volta poi che la scrittura compare e diviene nota, si creano mescolanze con gradi differenti di oralità e scrittura. Come ha messo in evidenza già da tempo l'antropologo inglese Jack Goody (1968, 1977, 1986), è possibile tutta una gamma di situazioni diverse. Ci sono popoli illetterati, che non usano la scrittura, altri a litterazione ristretta, che la usano in particolari ambiti (religione, burocrazia, contabilità, ecc.) o l'affidano a specialisti (scribi, amanuensi, ecc.), e altri a litterazione diffusa. Possono variare poi da caso a caso il prestigio e il senso della scrittura nella società. L'uso di un sistema o dell'altro non è indifferente, ma implica forme diverse di litterazione.

Ma che cosa cambia nella vita di un popolo quando arriva e si diffonde la scrittura? Rispondere con sicurezza a questa domanda non è facile. Abbiamo essenzialmente due vie: gli studi diacronici e i sincronici. Nel primo caso andiamo a vedere con indagini storiche che cos'è successo, ad esempio, quando la scrittura è comparsa in Mesopotamia o in Egitto o in Grecia. Sono indagini difficili, se non altro perché è davvero arduo trovare tracce di cose come i modi di pensare o di comunicare dove non esisteva la scrittura.

Nelle indagini sincroniche i ricercatori vanno a studiare popoli o comunità o gruppi sociali che ancora non conoscono la scrittura o non la usano e li mettono a confronto con altri letterati. A condurre queste ricerche sono antropologi, sociologi e psicologi. Fino a qualche decennio fa era più facile trovare culture orali, mentre oggi è sempre più difficile.

Nella ricerca sulle differenze tra cultura orale e scritta c'è un grosso problema: è difficile stabilire in quale misura certi cambiamenti sono un effetto della scrittura. Quando in una società arriva la scrittura, si verificano molti altri cambiamenti. Alcuni di questi precedono la nascita della scrittura e la favoriscono. Ad esempio, in Mesopotamia e negli altri posti dove la scrittura inizialmente è comparsa, c'è stato il passaggio a una società statale organizzata con un efficiente sfruttamento delle risorse ambientali, un assetto burocratico e altre novità. Ci sono poi cambiamenti provocati proprio dalla scrittura e che a loro volta possono produrre altri cambiamenti. È il caso della scuola: arriva dove compare la scrittura, ma porta con sé un modo diverso di pensare e vivere in società.

Nella seconda metà del Novecento Michael Cole e Sylvia Scribner hanno analizzato l'impatto dell'introduzione della scrittura in popolazioni della Liberia e sono arrivati alla conclusione che i cambiamenti culturali, più che alla scrittura in sé, si devono all'esperienza della scolarizzazione. La scrittura porta con sé un'istruzione formale, strutturata e affidata a istituzioni e questo cambia il modo di pensare e di vivere delle persone.

Scrittura e scuola

La scuola, l'istituzione creata apposta per istruire le nuove generazioni e fare tradizione, compare con la nascita della scrittura. Nelle società senza scrittura dell'istruzione si occupano la famiglia e la comunità più estesa. Molte cose s'imparano incidentalmente, facendo esperienze di vita in mezzo agli altri. Ci sono anche momenti formali di insegnamento, ma non c'è una realtà riconosciuta e organizzata che si dedica interamente a istruire.

Non c'è da meravigliarsi se pensiamo che anche nelle nostre civiltà, sebbene la scuola abbia in questo un peso consistente, buona parte della formazione delle nuove generazioni e della tradizione avviene fuori del contesto scolastico: in famiglia, nel rapporto con gli amici, sul lavoro, nelle attività sportive, navigando su Internet e via dicendo.

A dire il vero, in alcune società senza scrittura, ci sono forme organizzate di istruzione che in qualche modo sembrano preludere alla scuola. Ad esempio, i Masai, popolo dell'Africa orientale, oggi hanno scrittura e scuola. Fino a qualche tempo fa però non conoscevano la scrittura, ma avevano comunque qualcosa che somigliava alla scuola: il villaggio dei guerrieri, dove i giovani trascorrevano quindici anni della loro vita ad apprendere, facendo vita comunitaria separati dal resto della collettività. La scuola vera e propria però nasce quando scrittura e tradizione scritta richiedono che s'insegni a leggere e a scrivere.

Le scuole delle più antiche civiltà letterate sono fortemente elitarie. Leggere e scrivere coi primi sistemi ideografici è difficile e lo scriba è una figura dotata di particolare prestigio sociale: è la persona che possiede i segreti della scrittura e della tradizione scritta e della quale persino il sovrano ha bisogno. Gli scribi in genere non hanno potere formale, né sono ricchi, ma il loro status è elevato, perché saper leggere e scrivere è un privilegio e di per sé dà forza nella società.

Le più antiche scuole sono scuole per scribi e di conseguenza non aperte a tutti e selettive. Dalle testimonianze sappiamo che sono dure: gli alunni devono sottoporsi a estenuanti esercizi di apprendimento a memoria, di copiatura e dettatura e sottostare a una disciplina severa. «I ragazzi – dice un proverbio egizio – hanno le orecchie sulla schiena: a batterli ascoltano meglio».

Allievi scribi egizi impegnati in un esercizio di scrittura sotto dettatura

La vita dell'allievo scriba in Mesopotamia

In Mesopotamia essere un allievo scriba vuol dire trovarsi incanalato in una carriera sociale impegnativa, sotto il controllo vigile degli insegnanti, del personale scolastico e dei genitori, per i quali il fatto che un figlio diventi scriba è motivo di riuscita sociale. Lo storico Samuel Noah Kramer riporta un antico testo sumerico che fa luce sul vissuto quotidiano dell'allievo scriba.

Alunno, dove sei andato fin dalla più tenera infanzia?
Sono andato a scuola.
Cosa hai fatto a scuola?
Ho letto la mia tavoletta, ho preso il mio pranzo, ho preparato la mia nuova tavoletta, l'ho riempita di scrittura, l'ho terminata; poi mi hanno indicato la lettura da fare e nel pomeriggio mi hanno indicato il mio esercizio di scrittura. Alla fine della scuola, sono tornato a casa, sono entrato nella casa dove ho trovato mio padre seduto. Ho parlato con mio padre del mio esercizio di scrittura, poi gli ho recitato la mia tavoletta, e mio padre era molto contento [...] Quando mi sono svegliato presto la mattina, mi sono girato verso mia madre e le ho detto: «dammi il mio pranzo, devo andare a scuola» [...] e mi sono messo in marcia [...] A scuola il sorvegliante di servizio mi ha detto: «Perché sei in ritardo?». Spaventato e con il cuore che batteva sono andato dal maestro e gli ho fatto un inchino rispettoso. Il professore gli dice: «La tua scrittura non è soddisfacente»; quindi ricevette una punizione.

Nei secoli successivi le scuole allargheranno il loro raggio di azione, ma fino a tempi recenti, al XIX secolo, funzioneranno per una minoranza della popolazione. L'alfabetizzazione e la scolarizzazione di massa sono fenomeni moderni, sconosciuti alle società tradizionali.

Una prima democratizzazione della scuola si ha con l'invenzione dei sistemi fonetici, consonantici e alfabetici. Grazie a questi leggere e scrivere è più facile, dato che si adoperano poche decine di segni, anziché le diverse centinaia o migliaia di segni usati per indicare le idee nelle scritture ideografiche. Di conseguenza leggere e scrivere è meno un lavoro da esperti. Non dobbiamo però sottovalutare l'impegno che la lettura e la scrittura richiedono, anche con i sistemi fonetici. A noi sembrano attività semplici, perché con l'esercizio le abbiamo automatizzate. Se le analizziamo dal punto di vista cognitivo, sono però complesse e richiedono comunque parecchio lavoro di apprendimento e insegnamento.

In Grecia la scolarizzazione tende a diffondersi perché alla scrittura alfabetica si aggiungono particolari condizioni storico-sociali e culturali. In particolare la democrazia ateniese favorisce una certa estensione della litterazione. Nel mondo arabo ed ebraico alla diffusione della cultura scritta contribuisce il fatto che i testi diventano veicolo di grandi religioni.

Nel medioevo hanno dato un impulso notevole alla diffusione dell'istruzione le abbazie. Qui, accanto alle scuole per gli interni, spesso c'è un servizio di istruzione per gli esterni, aperto gratuitamente a bambini di qualsiasi estrazione, anche contadina. È però con i Comuni che l'istruzione scolastica ha raggiunto probabilmente i livelli più alti cui si è arrivati prima del XIX secolo.

A Firenze si investivano risorse nell'istruzione, considerata utile non solo per la crescita culturale della città, ma anche per l'economia. Accanto alle scuole religiose e all'istruzione privata esistevano anche scuole laiche e, seppure in minor misura, si avviavano agli studi anche le ragazze e i figli di famiglie dei ceti più bassi. Nel 1300, stando alla testimonianza del Villani, una quota consistente di ragazzi aveva accesso agli studi. Sulla base di questi dati si calcola che Firenze sia arrivata ad avere una scolarizzazione superiore al 40% e un'alfabetizzazione intorno al 30% della popolazione.

Il livello di alfabetizzazione della popolazione di Firenze nel 1300 era alto, ma lontano da quello delle moderne società occidentali, dove si arriva praticamente al 100%. A partire dal XIX secolo c'è stato un aumento gigantesco della scolarizzazione, tanto che si parla di "esplosione scolastica". Ha interessato essenzialmente i paesi avanzati, grosso modo una metà della popolazione

```
ISTRUZIONE A FIRENZE NEL 1339
sulla base dei dati di Villani


ragazzi e ragazze che imparano a leggere                    8.000 - 10.000
media                                                       9.000
totale della popolazione                                    90.000


alunni che imparano a leggere in percentuale sul totale
della popolazione                                           10%


alunni tra i 6-7 e gli 11-12 anni che imparano a leggere
in percentuale sul totale degli individui della loro fascia di età    50%

individui che continuano con l'istruzione commerciale       1.000 - 1.200
media                                                       1.100
in percentuale su quelli che imparano a leggere             12,2%
in percentuale sui maschi (supponendo che continuino
solo i maschi)                                              24,4%


individui che continuano con l'istruzione in latino         550 -600
media                                                       575     .
in percentuale su quelli che imparano a leggere             6,4%
in percentuale sui maschi (supponendo che continuino
solo i maschi)                                              12,8%


                            da H.J. Graff
```

mondiale, ma il fenomeno è stato esplosivo. In un primo tempo si è diffusa massicciamente l'alfabetizzazione e poi c'è stata la scolarizzazione di massa, con la diffusione nella popolazione di livelli elevati di istruzione.

Come cambia la tradizione

Nelle culture orali la tradizione si basa sulla memoria, anzi, per l'esattezza, sulla memoria di generazioni successive che si passano dall'una all'altra le informazioni. Come sistema per conservare le conoscenze la tradizione orale è debole. Perciò ci si sforza di adoperare espedienti che rafforzano la memoria, si ricorre a mnemotecniche di vario genere. L'uso della narrazione, delle formule prestabilite, delle massime, del parlare ritmico sono tutti espedienti per facilitare la memoria.

Come osserva Walter Ong, anche la ridondanza, la tendenza a ripetere i discorsi, sembra legata allo sforzo di ricordare. Quando scriviamo, procediamo in avanti, senza ripetere ciò che abbiamo già detto. Non c'è n'è bisogno, in quanto il lettore, se qualcosa gli sfugge, può sempre tornare indietro a rileggere i passi precedenti. Nella tradizione orale invece ripetere ciò che si è detto aiuta gli ascoltatori a non perdere il filo del discorso e assicura che i contenuti importanti vengano compresi e tramandati.

Per quanto ci si sforzi di potenziare la memoria, questa è comunque uno strumento debole di tradizione. Perciò la tradizione orale risulta selettiva: alcune cose vengono ricordate, ma molte si lasciano cadere, vengono dimenticate e non esistono più.

Si spiegano così le esagerazioni e gli eccessi: sono tentativi di fare in modo che la memoria resti. Troviamo esagerazioni in molti racconti di tradizione orale e sappiamo anche di comportamenti appariscenti, come lo sfoggio di ricchezza, potere, crudeltà. Sono modi di fare che mirano ad accentuare il carattere di eccezionalità e spettacolarità dei fatti che si vuole sottrarre all'oblio. La storia della Mesopotamia, ad esempio, specie quella che precede l'avvento della scrittura e che è stata tramandata oralmente per essere poi scritta, è piena di eccessi.

A causa dei limiti di memoria non solo si seleziona che cosa ricordare, ma si semplificano i ricordi. Si cercano schemi elementari più padroneggiabili mentalmente. È questo il motivo per cui, ad esempio, a volte a uno stesso personaggio si attribuiscono azioni compiute da più generazioni. Così è sufficiente ricordare un solo nome, al quale colleghiamo tanti fatti.

Sarebbe sbagliato però pensare che la tradizione orale sia poco efficace. Non ha buona memoria, ma è funzionale, assolve perfettamente i compiti che la società orale le affida. Proprio perché la conservazione delle informazioni è fragile, la tradizione orale è fluida, plastica e si adatta alle esigenze del momento, si modella sull'attuale. Ad esempio, i griot sono musicisti e cantori di professione dell'Africa subsahariana. Il loro repertorio è costituito tra l'altro di canti storici e genealogici, per cui sono i depositari della memoria storica del gruppo. Eppure i griot, più che di ripetere fedelmente le stesse cose, si preoccupano di produrre canti adatti al contesto, al momento e agli interlocutori che hanno davanti.

I griot sono in realtà interpreti del presente che parlano del passato. La cosa è palese e riconosciuta da tutti: viene giustificata dicendo che i griot non posseggono il canto, ma ne sono posseduti. Lo stesso fenomeno, seppure con sfumature diverse, si ritrova in tutte le tradizioni orali, comprese quelle antiche. In Grecia si diceva che i poeti e gli aedi rispondevano all'ispirazione. Ovunque la memoria viene modificata, plasmata a seconda delle esigenze del presente. Più che ciò che effettivamente è accaduto nel passato conta ciò che è bene raccontare oggi.

Le amnesie strutturali

Edwards Evans-Pritchard, in un classico dell'antropologia culturale pubblicato nel 1940, riporta le ricerche condotte nel decennio precedente sui Nuer, pastori dell'Africa orientale, che allora vivevano ancora in modo tradizionale. Tra le altre cose analizza il modo in cui ricostruivano e ricordavano i lignaggi, cioè le linee di discendenza che li congiungevano agli antenati.

Tra i Nuer i lignaggi erano importanti per regolare i rapporti della vita quotidiana. Ad esempio, se un Nuer arrecava offesa a un altro, gli altri, per stabilire con chi schierarsi, dovevano basarsi sui rapporti di parentela. Lo stesso accadeva se uno doveva pagare

Tra i Nuer i capi dalla pelle di leopardo godono di prestigio e fanno da mediatori nelle controversie, risolvendole abitualmente con risarcimenti in bestiame.

continua ▶▶▶

un risarcimento per un omicidio commesso o il prezzo della sposa, i beni che lo sposo doveva dare alla famiglia della sposa per portarsela via. Si pagava in capi di bestiame e gli altri contribuivano o meno all'impegno economico dell'interessato a seconda dei rapporti di parentela del lignaggio

La cosa interessante scoperta da Evans-Pritchard è che i Nuer di tutta la loro storia ricordavano sempre 11 generazioni. Un numero così basso di generazioni arrivava a coprire sicuramente solo un breve periodo. Inoltre, anche se col passare del tempo si aggiungevano nuove generazioni, per i Nuer la genealogia era sempre di 11. Avevano un sistema molto semplice per mantenere costante il numero delle generazioni. Calcolavano 6 generazioni partendo dall'alto, cioè dai capostipiti della tribù e 5 dal basso, cioè dall'interessato in su. Di mezzo c'era ovviamente una voragine. Come nasceva una generazione nuova i Nuer buttavano nella voragine il quinto antenato contato dal basso, divenuto ora il sesto. A questo punto tutte le obbligazioni connesse alla linea di sangue di quell'antenato finivano, cadevano in prescrizione.

Sta di fatto che i Nuer cancellavano dalla propria memoria lunghi segmenti di lignaggio. Non erano perciò in grado di ricostruire effettivamente la linea che congiungeva all'antenato comune tutti quelli del gruppo. A rigore potevano solo presumere di appartenere allo stesso lignaggio, senza averne certezze documentate. Siccome però i segmenti dimenticati erano dimenticati per tutti e tutti erano d'accordo che quella era la verità, il lignaggio così come veniva ricostruito era al dunque la loro verità storica e per loro funzionava.

Le genealogie dei Nuer non avevano ovviamente lo scopo di registrare fedelmente il passato e la storia della tribù. Più semplicemente facevano da schema condiviso per regolare i rapporti.La dimenticanza dei Nuer era organizzata secondo regole precise e socialmente stabilite. Perciò si parla di amnesia strutturale.

Presso popoli a tradizione orale sono stati descritti altri casi simili di amnesia strutturale. A volte è stato possibile mettere a confronto tradizioni orali e documenti scritti. I colonizzatori inglesi annotavano con precisione genealogie e altri fatti storici rilevanti nella vita sociale dei popoli delle colonie. Dopo decenni, andando a farsi raccontare come stavano le cose dalla gente di quel popolo ci si trovava di fronte a racconti nuovi e diversi da quelli presenti nei documenti scritti. Fatto interessante, le persone interpellate sostenevano che le scritture erano false.

Un'altra caratteristica della tradizione orale è che non ha autori. Siamo abituati all'idea che i contenuti della tradizione che godono di prestigio, per il loro valore conoscitivo o artistico o didattico-pedagogico, quelli della cosiddetta "cultura alta", sono opera di persone importanti riconosciute come autori. Nella tradizione orale invece i contenuti prestigiosi sono opera collettiva.

Vengono modellati pian piano nel tempo, a partire dai discorsi che le persone fanno e di cui si conserva la memoria. Anche quando c'è qualcuno incaricato di parlare davanti a un pubblico, come nel caso dei cantori, è sempre uno dei tanti che dicono quelle cose. Inoltre il pubblico interviene a orientare chi parla e a suo modo contribuisce alla costruzione dei discorsi e della tradizione.

Spesso si parla di folklore, che alla lettera vuol dire sapienza popolare (da *folk* = gente e *lore* = conoscenza tradizionale). A volte si parla di letteratura orale, ma questa espressione ha il difetto di chiamare letteratura ciò che letteratura non è. Svela che guardiamo all'oralità con gli occhi di chi è abituato alla scrittura. Una letteratura è fatta di opere scritte, ben definite e con autori precisi.

Con l'arrivo della scrittura diviene possibile risparmiare la memoria. Non è più necessario adottare strategie e impegnarsi per ricordare le cose importanti. È sufficiente scriverle e conservare i testi. È un vantaggio, dato che la mente viene alleggerita di un carico e le risorse mentali che si liberano possono essere impegnate in altro.

Eppure il fatto che la memoria fosse alleggerita almeno da alcuni e all'inizio è stato visto come una perdita, una sorta di svilimento delle abilità umane. Di questa impressione c'è traccia in Platone, filosofo vissuto in un'epoca in cui i Greci erano da poco passati dall'oralità alla scrittura. Nel *Fedro* rimprovera alla scrittura di essere una memoria artificiale, che finisce per indebolire la memoria umana, spingendo ad adagiarsi e a esercitarla sempre meno.

Grazie alla scrittura la ricostruzione del passato può essere più accurata e affidabile. Gradatamente si sviluppa il senso storico: il passato non è più semplicemente funzionale al presente, non serve soltanto a orientarci oggi, ma esiste in sé e ha una propria dimensione.

Come osserva l'antropologa Mary Douglas, la tendenza a leggere il passato in ragione delle esigenze del presente si mantiene anche dopo l'arrivo della scrittura e c'è ancora oggi.

Circa ogni dieci anni – scrive Mary Douglas – i libri di testo [quelli di storia] *divengono obsoleti. La necessità di aggiornarli dipende in parte [...] da più profonde ricerche storiche. Ma ancor più dipende da altri fattori [...] la prospettiva storica del decennio precedente può non essere più politicamente appropriata. Col passare degli anni alcuni slogan divengono risibili, alcune parole divengono vuote, altre troppo piene, suonando eccessivamente crudeli o amare per orecchi moderni. Alcuni nomi divengono più importanti, mentre altri, divenuti meno importanti, devono essere cancellati [...] Quando guardiamo da vicino alla costruzione del passato, vediamo che il processo ha assai poco a che fare col passato e molto col presente.*

Sebbene la tendenza a distorcere il passato in funzione del presente ci sia anche in culture piene di testi scritti, come le attuali, c'è pur sempre la tradizione scritta cui attingere per andare a stabilire con maggiore obiettività come sono andate le cose.

Gli storici a volte distinguono tra memoria e storia. La prima sarebbe il ricordo che la gente ha del passato e risentirebbe del condizionamento del presente. L'altra invece sarebbe una ricostruzione effettiva del passato. Gli antropologi adottano uno sguardo più distaccato e brutale e, come fa Mary Douglas, considerano anche gli storici parte di un popolo che costruisce selettivamente la propria memoria. È pur vero però che in un mondo senza scrittura non potremmo neppure immaginare lo sforzo di fare storia in modo spregiudicato, svincolandosi dal presente e puntando alla ricostruzione oggettiva del passato.

Con la scrittura si affacciano anche gli autori. Gli scritti della vita quotidiana, come i contratti o i testamenti, hanno persone che ne sono responsabili. Le opere significative sono di autori che godono di notorietà più o meno grande e i cui nomi si tramandano. Come sembra sia accaduto nel caso dell'*Iliade* e dell'*Odissea*, racconti della tradizione orale, una volta arrivata la scrittura, vengono attribuiti ad autori, quasi a non volerle lasciare orfane. È tipico del mondo della scrittura stentare a riconoscere la cultura orale che l'ha preceduto.

Come cambia la comunicazione

Nella comunicazione scritta diventa preminente la trasmissione di messaggi da un emittente a un ricevente. Chi scrive costruisce un messaggio che arriverà a chi leggerà quel testo. Vanno persi molti altri aspetti, soprattutto sociali e relazionali che tanta importanza rivestono nella comunicazione faccia a faccia.

In effetti la comunicazione faccia a faccia è un'attività sociale molto complessa e la scrittura la semplifica, riducendola a mera trasmissione di messaggi. Le comunicazioni orali sono costruzioni corali di discorsi, alle quali i partecipanti collaborano, seppure in diversa misura a seconda dei casi. Ci si alterna, intervenendo a turno, e chi ascolta manda feedback a chi sta parlando.

Durante la conversazione si negoziano molte cose, ora contrapponendosi, ora collaborando, quasi come in una trattativa d'affari. Ci si mette d'accordo su come configurare l'attività comunicativa, ad esempio se limitarsi a un breve scambio di saluto o fermarsi a parlare dei fatti propri. Vanno concordate anche le presupposizioni, le conoscenze di sfondo da attivare e mettere in gioco per intendere ciò di cui si parla. Più la conversazione va avanti, più ci si trova a doversi confrontare sulla visione del mondo da adottare. Molto delicata poi è la negoziazione della struttura relazionale: gli interlocutori possono mettersi nella posizione di chi sa o di chi non sa, di chi domina o di chi segue e via dicendo. Anche su questo faranno la loro trattativa, seppure di solito tacitamente.

A fare della comunicazione un'attività sociale contribuisce in modo decisivo il fatto che ogni scambio comunicativo con le altre persone è un episodio della vita sociale, che è parte di una storia e s'inserisce in una rete di comunicazioni e rapporti sociali.

Nella comunicazione scritta il lato sociale si riduce fin quasi a scomparire. È come se avvenisse una trasmissione di messaggi in un mondo astratto, avulsa dalla vita sociale.

Possiamo capire come mai nelle culture orali nella comunicazione si è meno attenti ai messaggi e più a gestire gli aspetti sociali e relazionali. Si dice solitamente che la comunicazione ha un marcato carattere pragmatico, nel senso che è centrata, ancor più che sui contenuti, sulle azioni e sui loro effetti sociali. Si è molto attenti alle negoziazioni che si fanno conversando, al controllo della relazione e al valore che quell'episodio di comunicazione può avere nella vita sociale.

Si può spiegare così l'agonismo verbale, la tendenza a lottare a parole, riscontrabile un po' dappertutto nel mondo orale. Probabilmente è legato al fatto che si avverte tutto il peso sociale della comunicazione faccia a faccia e si è pronti a"combattere"per non essere perdenti nell'arena sociale.

Nelle culture orali è diffuso il genere dei duelli verbali, insolito e difficile da comprendere per chi è abituato a una cultura basata sulla scrittura. Si tratta di copioni prestabiliti in cui si combatte a

CONVERSAZIONE DELLA CANNUCCIA

È un momento formale di festa. I partecipanti con una cannuccia bevono a turno gasi, una bevanda simile alla birra. Intanto conversano. Andando avanti coi giri di bevuta, il numero dei partecipanti si restringe. Vanno via i meno apprezzati per la loro abilità di conversatori.

invito - permesso	Chi offre invita a bere. L'invitato chiede il permesso di bere con una formula prestabilita.
↓	
conversazione sulla bevanda	Si parla dei pregi e dei difetti del gasi. I discorsi sono scontati.
↓	
dibattito	Si passa a argomenti esterni, sempre meno scontati. Prima pettegolezzi, poi questioni di interesse.
↓	
esibizione di destrezza verbale	Si improvvisano canzoni e poesie e si decide chi ha ragione in base alla bravura dimostrata.

La conversazione segue un copione preciso, con tappe stabili. Nell'ultima i contendenti rimasti si affrontano nell'arte del canto e della poesia.

parole e alla fine ci sono un vincitore e un vinto. Ne è un esempio la "conversazione della cannuccia" descritta dall'antropologo Charles Frake presso i Subanum delle Filippine, che si conclude con un combattimento in cui vince chi mostra di essere più bravo nel cantare o recitare poesie.

Altro esempio di duello verbale è il *sounding*, il suonarsele, descritto tra persone di colore nordamericane, ma di cui si conoscono forme simili in vari ambienti culturali del mondo, specie tra i giovani. Ne troviamo una messa in scena nel film *Il professore matto*, interpretato da Eddie Murphy. Consiste nell'insultarsi a vicenda, ma con affermazioni talmente esagerate da risultare palesemente false. È un duello, ma alla fine, a meno che la conversazione non degeneri, i contendenti sono più legati di prima.

Comunemente si pensa che nel mondo orale ci sia più spontaneità nei discorsi. Si tratta di un errore. La comunicazione verbale nelle culture orali è dominata da restrizioni formali: siccome è un importante strumento di tradizione e di costruzione delle relazioni e della vita sociale, viene controllata molto. La comunicazione spontanea, la libera conversazione, il chiacchierare a ruota libera, il dibattere trovano maggior spazio nella società proprio con l'avvento della scrittura.

Una volta affidate alla scrittura le comunicazioni formali e importanti per la tradizione, ci si può concedere di parlare liberamente. Il dibattito diviene possibile perché c'è meno rischio di mettere in discussione le tradizioni che contano e ora i contenuti sono oggettivi. Nella comunicazione orale i contenuti espressi sono legati alle persone, sono sempre qualcosa detta da qualcuno in un dato momento. Ora possono essere visti scritti e appaiono indipendenti dalle persone. Ecco che diviene sensato discutere sulle cose a prescindere da chi le dice, valutandole in sé, in base a criteri di ragionevolezza, accettabilità, verità o altro.

I discorsi che si fanno in una civiltà orale, diversamente da quelli che si tendono a fare in un mondo di tradizione scritta, sono caratterizzati da fluidità semantica. Il significato delle parole non è stabilito rigidamente, ma può cambiare a seconda del contesto.

È la scrittura che ha bisogno di una semantica fissa, perché nella comprensione non possiamo fare affidamento su altro che sul testo. Chi scrive e chi legge devono conoscere in partenza e con una certa precisione quale significato corrisponde a ciascuna parola. I dizionari sono di aiuto in questo. Quando invece parliamo faccia a faccia, possiamo definire assieme agli interlocutori il senso delle parole durante il colloquio. Le presupposizioni, le conoscenze in comune, il contesto in cui siamo, il fatto che ci si aiuti a vicenda a far funzionare la comunicazione sono una base sicura per intendersi, anche se le parole vengono usate abbastanza liberamente.

Una conseguenza della fluidità semantica è che la comunicazione orale è molto più implicita della scritta. Lascia molte cose non dette, di solito proprio le più importanti. Non c'è bisogno di dirsele esplicitamente perché su quelle cose c'è un'intesa tacita. Neppure la scrittura riesce a dire tutto ciò che andrebbe detto, ma esplicita molto di più i contenuti.

Sempre per favorire la comprensione, il discorso scritto, oltre che più esplicito e con una semantica più rigida, è più organizzato, più strutturato. Il significato si afferra anche grazie a come si combinano parole e frasi. Nella comunicazione orale generalmente non c'è bisogno di discorsi molto organizzati, dato che il senso viene definito assieme durante il dialogo.

Nella comunicazione orale si preferisce la paratassi all'ipotassi: gli elementi del discorso tendono a essere giustapposti, aggiunti l'uno all'altro, piuttosto che inseriti in un'articolata struttura in cui sono collegati con nessi logici e rapporti di subordinazione.

Walter Ong rintraccia la struttura paratattica nel racconto della creazione della *Genesi*, che, pur essendo scritto, risente della tradizione orale da cui viene. Cita anche le raccolte di narrazioni orali di John Foley, studioso di folklore e composizione orale. Anche nelle attuali conversazioni però, nonostante tutta l'influenza esercitata dalla scrittura, i nostri discorsi tendono a essere più paratattici di quando scriviamo.

Come cambia il pensiero

Le differenze più controverse tra oralità e scrittura sono quelle che riguardano i processi mentali. Si è sostenuto che la scrittura porta con sé uno stile di pensiero più analitico e più astratto, cioè più razionale, almeno nel senso in cui intendiamo noi la razionalità.

Chi è immerso in una cultura orale tenderebbe a pensare più in termini di specifiche realtà e meno in termini di categorie generali. Per raggruppare in categorie gli oggetti del mondo farebbe riferimento a prototipi, a esemplari tipici, anziché servirsi di definizioni. Ad esempio, una sedia è qualcosa di simile a questa sedia e serve per sedersi, non è un mobile, di piccole dimensioni, che può essere costruito con materiali diversi, adoperato in contesti diversi e usato per sedersi.

Le persone immerse in una cultura orale sarebbero anche meno incline a fare ragionamenti astratti. Per arrivare a una conclusione avrebbero bisogno di riscontri empirici. Non si fiderebbero di arrivarci semplicemente perché, date certe premesse, logicamente le cose dovrebbero stare così.

Sembra ragionevole che la scrittura favorisca il pensiero analitico e astratto. La semantica rigida richiede di definire le cose. D'altra parte i discorsi strutturati richiedono di ricorrere alla logica e di fidarsi della logica, dato che il senso deriva dai nessi tra gli elementi. Forse ancora più interessante è il fatto che la scrittura crea uno scenario astratto, un mondo di sapere oggettivo, che si conserva e sta lì. È ciò che il filosofo Karl Raymond Popper chiama "mondo 3", il mondo dei prodotti della mente umana, che si aggiunge al "mondo 2" degli stati mentali e al "mondo 1", il materiale. Nasce così uno spazio indipendente da noi dove collocare e far interagire i pensieri.

Varie ricerche empiriche, a cominciare dal classico studio di Aleksandr Romanovič Lurija, hanno messo in evidenza che persone non alfabetizzate o con basso livello di alfabetizzazione tendono ad avere un pensiero concreto. È discutibile però che queste ricerche confermino la tesi che la scrittura porta con sé il pensiero analitico e astratto.

È dubbio che le differenze di pensiero individuate siano legate alla scrittura: è più probabile che rispecchino gli effetti della scolarizzazione e degli studi curricolari. Fatto ancora più importante, la ricerca più recente suggerisce che noi abbiamo due menti: una razionale, che tende a conoscere obiettivamente la realtà ed è capace di ragionamenti logici, l'altra adattativa, che usa euristiche, scorciatoie e serve soprattutto a cavarsela nella vita sociale.

In un mondo di oralità, dove il versante sociale della comunicazione è importante, dove si negoziano i discorsi e c'è agonismo verbale, le persone sono portate ad attivare la mente adattativa sociale. Questo non significa però che non abbiano l'altra e che non siano in grado di attivarla all'occorrenza. Sono più interessate a sfoderare intelligenza sociale e meno intelligenza razionale. Si comportano così anche di fronte ai test che gli psicologi somministrano loro in ricerche come quella di Lurija o nelle successive. Colgono, ad esempio, che lo psicologo ha in mente astruse classificazioni degli oggetti e cercano di metterlo in scacco con semplici e ovvie osservazioni.

Sembra proprio sbagliato pensare che il pensiero orale sia meno logico o – come si è detto in passato – prelogico. È semplicemente uno stile diverso di pensiero, basato più sui fenomeni concreti che su criteri astratti e più orientato al sociale.

Dalle ricerche pionieristiche di Lurija ai giorni nostri

Tra il 1931 e il 1932 lo psicologo russo Lurija condusse una ricerca su illetterati e persone a bassa alfabetizzazione in zone remote dell'Uzbekistan e della Kirghizia, che pubblicò oltre quarant'anni dopo nel libro *Ob istoriceskom razvitii poznavatel'nych processov* (Storia sociale dei processi cognitivi). Apparteneva alla scuola storico-culturale russa, di cui l'esponente più noto è Vygotskij. L'idea di fondo di questa scuola è che l'ambiente storico-sociale non si limita a fornire all'individuo determinate conoscenze, ma ne co-

continua ▶▶▶

struisce i meccanismi mentali, i tipici processi cognitivi. Risentiva anche dell'influenza del sociologo Durkheim, per il quale la mente individuale si forma in società. Era interessato a vedere come l'alfabetizzazione aveva plasmato le menti delle persone.

Nella tranquilla atmosfera di una casa da tè, in colloqui informali, Lurija sottoponeva i soggetti a prove di ragionamento, poste più che altro sotto forma di indovinelli, per renderle più consone alla mentalità agonistica del mondo orale.

I risultati sono piuttosto sorprendenti. Le persone davano risposte che svelavano un pensiero decisamente concreto. Ad esempio, tendevano a non classificare in base a concetti definiti, sembrava che non possedessero la logica delle classificazioni. Messi di fronte alle figure di un martello, una sega, un'accetta e un ceppo, non classificavano i primi tre come attrezzi e il ceppo come materiale su cui lavorare, ma potevano accomunare ceppo, sega e accetta e tener da parte il martello o non fare alcuna distinzione. Dinnanzi allo sperimentatore che proponeva la classificazione in attrezzi e materiale, un contadino di venticinque anni obiettò: "Sì, ma se anche abbiamo gli strumenti, senza il legno non si costruisce niente".

Dalle risposte sembrava anche che evitassero di arrivare a conclusioni attraverso ragionamenti formali. Quando si chiedeva di concludere facili sillogismi, di solito non si ottenevano risposte pertinenti. Ecco un esempio.

- All'estremo nord, dove c'è la neve, tutti gli orsi sono bianchi. La Terranova sta all'estremo nord e lì c'è sempre la neve. Di che colore sono gli orsi?
- Non so, io ho visto un orso nero, altri non ne ho visti ... ogni località ha i suoi animali.

Non si può arrivare a concludere com'è un orso di Terranova in base a un ragionamento formale, a principi astratti, ma ci vuole l'esperienza concreta.

Circa venticinque anni dopo Gilbert ha condotto uno studio analogo in Sudafrica, nella terra degli Zulu. Il suo campione era stratificato, con cinque sottogruppi a diverso grado di istruzione e formati da persone che nella vita svolgevano attività diverse. I risultati sono in parte simili a quelli di Lurija. Anche studi successivi hanno confermato quanto scoperto inizialmente dallo psicologo russo (Ardila 1995; Nell 1999; Teng e Manly 2005).

Le origini della filosofia in Grecia

Lo studioso statunitense Eric Havelock ha sostenuto che la nascita della filosofia in Grecia si capisce nel quadro dei cambiamenti culturali prodotti dalla comparsa della scrittura. In precedenza i Greci avevano conosciuto la scrittura, che, nata a Creta, sede di una fiorente civiltà, si era diffusa nel continente dove era divenuta uno strumento amministrativo importante dei regni micenei. Con il medioevo ellenico l'antica scrittura però scompare assieme al vecchio assetto politico e la civiltà greca ridiventa una civiltà orale. I Greci torneranno a usare la scrittura solo alla fine dei «secoli bui»: le più antiche testimonianze della nuova scrittura sono dell'VIII secolo a.C. Di lì a poco, nel VI secolo a.C., la filosofia si sviluppa e con Platone emerge chiaramente come attività intellettuale specialistica destinata a segnare la storia dell'Occidente.

Secondo Havelock i Greci tendevano alla riflessione filosofica anche durante il medioevo ellenico, ma, per la mancanza di scrittura, non potevano permettersi di dedicarsi all'astrazione. Erano in un certo senso costretti a esprimere i pensieri in forma mitica, perché i racconti attraggono l'attenzione e si ricordano più facilmente e ricordare è essenziale in una civiltà senza scrittura.

Quando alla fine del medioevo ellenico hanno avuto di nuovo a disposizione la scrittura, i Greci hanno potuto immagazzinare il sapere nei documenti, non hanno più dovuto far ricorso a racconti mitici per potenziare la memoria e questo ha dato il via libera all'astrazione. Come scrive Havelock, «dal momento che l'urgenza del memorizzare venne meno, la mente fu libera di elaborare concetti».

Il pensiero filosofico però non poteva svilupparsi subito. C'era bisogno di costruire prima un linguaggio astratto per pensare e comunicare i ragionamenti. Si trattava di elaborare una nuova modalità espressiva che sostituisse quella mitico-narrativa della tradizione orale. Secondo Havelock i pensatori che hanno preceduto Platone hanno fatto proprio il lavoro preliminare di costruire il sistema espressivo del pensiero razionale, prima creando un linguaggio astratto per parlare dell'ambiente e poi per parlare dell'esperienza umana. Non è stata un'impresa da poco. Havelock parla di «una rivoluzione a un tempo mentale e linguistica», operata da «individui dotati di energie mentali d'eccezione e dell'audacia che è il segno peculiare del pensiero greco». Platone, Aristotele e tutti i filosofi occidentali successivi hanno potuto fare ciò che hanno fatto grazie a questa eredità.

L'ipotesi di Havelock si presta ad essere ripresa alla luce di ciò che sappiamo sui cambiamenti legati al passaggio dall'oralità alla scrittura. Con l'arrivo della scrittura, la tendenza a usare le parole per indicare significati precisi e la tendenza a strutturare i discorsi devono aver reso il linguaggio più adatto alla riflessione, all'esplorazione mentale dei problemi e al ragionamento.

Sicuramente ha influito sulla nascita della filosofia il fatto che con l'avvento della scrittura si è diffusa l'abitudine a discutere liberamente e a fare dibattiti. La comunicazione interpersonale è diventata meno controllata ed è cresciuto lo spazio per il confrontarsi esprimendo pareri a ruota libera. La libera conversazione con la contrapposizione delle idee è fondamentale nell'attività filosofica. Ha avuto grande importanza nello sviluppo della filosofia greca ed è rimasta un modello ideale di comunicazione anche quando i filosofi sono passati a confrontarsi essenzialmente attraverso gli scritti.

Una delle caratteristiche della filosofia è il fatto che il filosofo tende a rompere con la tradizione, a prendere posizione. Questo è quasi impossibile da fare in una cultura orale. La tradizione orale è fluida, nel senso che i depositari della memoria storica del gruppo, come gli aedi della Grecia arcaica, hanno facoltà di introdurre variazioni a seconda del contesto e delle esigenze del momento storico. Perciò la memoria storica orale si modella in realtà sul presente.

Tuttavia non ci si può permettere di distaccarsi apertamente dalla tradizione. Il custode della memoria storica non ha diritto di dire «io penso che…», proprio perché è un custode. La facoltà di dire «io penso che...» emerge con la scrittura, quando la memoria storica può essere affidata al documento e non dev'essere più custodita da uomini che parlano.

La scrittura consente anche di fissare le idee di un autore ed è solo con la scrittura che può prendere corpo quell'uso tipico della filosofia di elaborare dottrine in risposta ad altre o in considerazione di altre. La scrittura dà consistenza a quel mondo di sapere oggettivo, che sta là fuori ed è patrimonio dell'umanità, il"mondo 3" di Popper. Il filosofo che si esprime dice qualcosa che va a inserirsi in questo mondo oggettivo: è un contributo, qualcosa che innova o è insostenibile, è da rigettare. Il dibattito filosofico diviene così una ricerca continua di conoscenza che l'uomo fa, cosa che in ultima analisi è l'attività filosofica.

L'idea che la nascita della filosofia sia legata al passaggio dall'oralità alla scrittura è affascinante. Va tenuto presente però che l'ipotesi, anche se aiuta a spiegare la nascita della filosofia, da sola è insufficiente. Vari altri fattori (politici, religiosi, economici, sociali) verosimilmente hanno concorso alla nascita di quest'attività intellettuale umana nella Grecia antica. Del resto diversamente non si spiegherebbe come mai la filosofia sia nata proprio in Grecia. Infatti molte altre civiltà hanno conosciuto il passaggio dall'oralità alla scrittura senza conoscere la filosofia o senza conoscere una filosofia di tipo occidentale.

La diffidenza di Platone per la scrittura

Il modo in cui Platone intende la ricerca filosofica è in parte frutto del fatto che vive in una cultura scritta. Ad esempio per lui è fondamentale la libera conversazione, in cui si dibatte amorevolmente per cercare assieme la verità. Per fare un altro esempio, dà molta importanza al fatto che ci si concentri sulle tesi sostenute prese di per sé, senza farsi influenzare da chi è a sostenerle. Anche certe sue convinzioni filosofiche sembrano legate all'esperienza della scrittura.

Nonostante il suo pensiero sia in parte figlio della scrittura, Platone diffida di questo mezzo di comunicazione e lo critica. La diffidenza emerge nei fatti. Si coglie da come ha usato la scrittura per tramandare la sua opera.

Platone ha lasciato molti testi scritti, ma formati quasi esclusivamente dal resoconto dei dialoghi di Socrate, in forma diretta, quasi a voler far rivivere le esperienze di comunicazione orale.

Per giunta sembra che quella che noi consideriamo l'opera di Platone, la massa dei suoi scritti, non esprima la parte più significativa del suo pensiero filosofico, che invece sarebbe stata tramandata oralmente agli allievi dell'Accademia. Platone avrebbe scritto i dialoghi per motivi contingenti, volendo divulgare le vicende di Socrate e della filosofia, ma avrebbe affidato all'oralità l'indagine filosofica vera e propria. Almeno questa è la tesi sostenuta nella seconda metà del '900 da diversi studiosi che si identificano nella cosiddetta Scuola di Tubinga.

Anche se non mancano perplessità sulle tesi della Scuola di Tubinga, ci sono buoni motivi per credere che Platone abbia fatto un uso limitato della scrittura. Aristotele ci parla delle "dottrine non scritte" di Platone, considerandole in parte diverse da quelle dei testi scritti, come se ci fosse una doppia tradizione. Anche dagli allievi dell'Accademia e da Sesto Empirico abbiamo notizie delle dottrine orali.

Ma che cosa rimprovera Platone alla scrittura? Le principali accuse che muove a questo mezzo di comunicazione sono esposte chiaramente nel *Fedro*.

Per Platone un difetto del testo scritto è che va in mano a chiunque e può essere frainteso. Quando esponiamo una tesi in una comunicazione orale, possiamo aiutare l'interlocutore a capire che cosa intendiamo dire. L'autore del testo scritto invece non può dialogare coi suoi lettori e non ha modo di controllare la conoscenza che i suoi scritti vanno a produrre.

E una volta che sia messo in scritto, ogni discorso arriva alle mani di tutti, tanto di chi l'intende quanto di chi non ci ha nulla a che fare, né sa a chi gli convenga parlare e a chi no. Prevaricato ed offeso oltre ragione esso ha sempre bisogno che il padre [l'autore] gli venga in aiuto, perché esso da solo non può né difendersi né aiutarsi.

Questa critica di Platone è estremamente interessante e coglie uno dei limiti oggettivi della scrittura, ancora attuale. È indiscutibile che il testo scritto si presta a essere inteso nei modi più vari a seconda di chi lo legge Con la diffusione legata alla stampa e poi a Internet il problema si è posto sempre più seriamente.

Platone rimprovera poi alla scrittura un'altra cosa: è una memoria artificiale, che dà l'impressione di ricordare, mentre in realtà spinge a dimenticare. Nel *Fedro* Platone immagina che l'inventore dell'alfabeto lo presenti al faraone come una favolosa medicina per la memoria degli Egiziani. Il faraone però obietta che, lungi dall'essere un rimedio per la memoria, è un danno.

Questa critica di Platone alla scrittura si spiega se abbiamo presente la sua teoria della conoscenza. Per lui elaborare una conoscenza vera significa ricordare le Idee che abbiamo visto quando la nostra anima le ha contemplate prima della nascita. Ecco perché avere una memoria salda per lui è così importante. Si tratta di una convinzione paradossale, dato che la stessa sua concezione delle Idee, in quanto concetti astratti, è figlia della scrittura. Spesso le tecnologie sono fonte di convinzioni contrastanti e di paradossi.

A dispetto della critica di Platone, è piuttosto evidente che la scrittura è di aiuto alla memoria, sebbene sia un aiuto esterno. Grazie ad essa gli uomini hanno commesso meno errori e hanno gestito meglio la propria vita, disponendo di informazioni archiviate e consultabili. Hanno anche risparmiato risorse mentali che si sono rese disponibili per altre attività intelligenti. Oggi con gli sviluppi tecnologici recenti questo è uno dei grandi vantaggi della scrittura. Abbiamo a disposizione facilmente accessibile una massa enorme di informazioni e conoscenze, che diversamente per noi sarebbe impensabile ricordare e usare.

I primi servizi postali: Persia e Roma

Un'altra tecnologia della comunicazione dalle origini antiche è la posta. Tutto fa credere che non appena hanno cominciato a scrivere su supporti trasportabili, gli uomini abbiano cominciato anche a spedirsi missive. Le testimonianze della Mesopotamia e dell'Egitto lo dimostrano: molti antichi scritti sono lettere.

Tra l'esistenza di una corrispondenza epistolare e la posta come noi la conosciamo c'è però grande distanza. La posta di oggi è un sistema di comunicazione scritta a distanza con caratteristiche che ne fanno un servizio aperto e su larga scala. Ha un'organizzazione permanente che assicura il trasporto degli scritti in qualsiasi momento e verso qualsiasi destinazione. È un servizio pubblico, cioè per tutti e accessibile a tutti, è veloce e internazionale, in grado di attraversare senza problemi i confini politici degli stati. Il cammino che ha portato alla posta attuale è stato lungo, graduale e non sempre lineare.

Sembra che il primo sistema postale organizzato permanentemente e in grado di coprire un vasto territorio sia stato quello dell'impero persiano. Secondo la testimonianza di Senofonte nella *Ciropedia*, un apparato efficiente c'era già sotto Ciro il Grande (559-530 a.C.), il sovrano che iniziò con una serie di conquiste la grande espansione persiana.

I Persiani avevano allestito una fitta rete stradale tenuta sempre in efficienza grazie alla manutenzione sistematica. Lungo le strade c'erano stazioni di posta con scuderie e alloggi per i corrieri, gestite da funzionari del re. La posta persiana, ben organizzata e veloce per quei tempi, non oltrepassava i confini dell'impero e soprattutto serviva esclusivamente ai sovrani, ai funzionari e ai vertici della società per le comunicazioni ufficiali: era parte dell'apparato di Stato.

I Greci, senza una buona rete stradale, col territorio politicamente frazionato, dato che ogni *pólis* era uno Stato, non svilupparono mai un vero e proprio sistema postale. Nell'antica Roma invece troviamo una posta di grande efficienza e – fatto interessante – aperta ai privati, anche se non si tratta di un vero e proprio servizio pubblico.

In età repubblicana la posta non era gestita dallo Stato ed era poco organizzata. Le famiglie importanti e le istituzioni avevano portalettere, i *tabellarii* (si scriveva su tavolette cerate dette *tabellae*), in genere schiavi o liberti, cui venivano affidate le lettere. Con l'impero, ad opera soprattutto di Augusto, la posta viene ristrutturata e messa sotto il controllo dello Stato: nasce il famoso *cursus publicus*, la posta imperiale di Roma. Si trattava di una macchina organizzativa che non aveva nulla da invidiare alla persiana.

Roma era collegata regolarmente a tutte le province, corrieri statali andavano e venivano per mare e per terra, lungo le strade appena ogni cinque chilometri c'erano stazioni per il cambio dei cavalli e ogni quaranta i corrieri potevano alloggiare, personale impiegatizio e funzionari controllavano lo svolgimento delle operazioni e tutto faceva capo all'autorità del prefetto del pretorio. La velocità alla quale venivano trasportati i messaggi era leggendaria, 250 chilometri al giorno, ed è rimasta effettivamente insuperata fino all'avvento della ferrovia.

In un primo tempo l'apparato serviva per le comunicazioni ufficiali, specie politico-amministrative e militari, ma successivamente fu concesso ai privati di fruirne a pagamento. La posta imperiale però non è mai diventata un vero servizio pubblico, perché il suo scopo primario è rimasto quello di consentire le comunicazioni interne alla macchina statale. L'apertura ai privati è stata concessa per star dietro allo sviluppo economico e sociale dell'impero e per incamerare denaro che consentisse di sostenere gli alti costi della posta imperiale, non per autentiche finalità di servizio pubblico. Lo dimostra chiaramente la pratica delle *angariae* (da cui il nostro angheria), cioè della contribuzione forzata dei cittadini alla corrispondenza imperiale, autorizzata fin dall'inizio da Augusto. Se i funzionari che recavano la corrispondenza di Stato o di interesse statale erano in difficoltà, potevano requisire alla popolazione locale cavalli, carri e quant'altro avevano bisogno.

Monaci, universitari, macellai e corrieri privati: la posta medievale

Nel medioevo, nonostante gli sforzi, in particolare di Carlo Magno, di conservare la posta imperiale romana, si torna ai collegamenti organizzati in proprio da privati e istituzioni. La situazione però è diversa da quella della Roma repubblicana, non fosse altro perché l'Europa è politicamente frammentata e ogni passaggio di confine comporta un onere fiscale. Compaiono poi alcune importanti novità, che offrono ai privati la possibilità di accedere maggiormente alla posta.

Due istituzioni, gli ordini monastici e le università, danno vita a organizzazioni postali imponenti. I monaci possono contare su una rete di conventi, sui lavoranti agricoli da inviare come corrieri e sulla facilità di transito alle frontiere. Nell'università il sistema postale si sviluppa per assicurare la comunicazione tra gli allievi e le famiglie, gode della protezione dei sovrani e si avvale delle prestazioni dei parenti degli studenti.

Sia la posta monastica, sia la posta universitaria lavorano anche per l'esterno. In origine i corrieri universitari giuravano che non avrebbero portato corrispondenza di privati a pagamento, ma col tempo il mancato rispetto del giuramento divenne la regola e la posta universitaria si trasformò in vero e proprio servizio pubblico.

In Germania nasce la posta dei macellai (*Metzgerpost*). Mercanti di bestiame e macellai si spostavano frequentemente da un paese all'altro per lavoro. Dall'abitudine di chiedere di recapitare missive è nata a poco a poco una vera e propria posta, che dal XV al XVII secolo ha funzionato regolarmente.

Forse il fatto più interessante però è la nascita dei primi corrieri privati della storia, cioè delle imprese di servizio postale. Il corriere privato più famoso è Torre e Tasso, nato a Bergamo alla fine del 1200 e cresciuto enormemente nei secoli successivi, tanto da assicurare linee postali internazionali che intersecavano tutta l'Europa.

Verso l'internazionalizzazione

La posta medievale, sfuggita alle mani statali, è molto più servizio pubblico, è più popolare. Non ha però quella capacità di coprire a tappeto e con efficienza il territorio che avevano la posta persiana e la posta imperiale romana. Già a partire dal XVI secolo, sia in Francia, sia in Inghilterra, si fecero sforzi per dare ai sistemi postali un'organizzazione centralizzata, in modo da garantire almeno la copertura del territorio nazionale. In seguito anche gli altri paesi svilupparono sistemi postali nazionali, sotto il controllo dello Stato e con spirito di servizio pubblico. La posta però non aveva ancora carattere decisamente internazionale: ogni paese aveva il proprio sistema, spesso incompatibile con quello dell'altro e i confini politici erano barriere.

Il 9 ottobre 1874 è l'inizio di una rivoluzione, segna il passaggio alla piena internazionalità delle poste. Il 15 settembre a Berna

 viene convocata una conferenza alla quale partecipano 22 paesi, con l'intento di unificare il confuso labirinto internazionale di servizi e regolamenti postali. I partecipanti si avvalgono del lavoro preparatorio di Heinrich von Stephan, alto funzionario delle Poste della Confederazione della Germania del Nord, che è anche promotore della Conferenza di Berna. Il 9 ottobre il trattato di Berna è siglato e nasce l'Unione Postale, successivamente denominata UPU, Unione Postale Universale.

Nell'arco di pochi decenni all'Unione aderiscono quasi tutti i paesi del mondo. Diviene così possibile mandare posta in qualsiasi luogo della terra, con una tariffa standard

Heinrich von Stephan e il logo dell'UPU

bassa e contando su un'organizzazione planetaria affidabile. L'UPU è ancora operativa e il 9 ottobre è considerato la giornata della posta mondiale.

La posta elettronica

La velocità della posta è cresciuta molto con le ferrovie e con i trasporti aerei. Tuttavia il salto in avanti per quanto riguarda la velocità c'è stato solo di recente con l'ultimo sviluppo: la posta elettronica. Nel 1963, per incarico del Ministero della Difesa degli Stati Uniti, venne messo a punto Arpa Net, un sistema di collegamento tra computer. Lo scopo era coordinare le attività informatiche militari, specie in caso di attacco nucleare (siamo nel periodo della guerra fredda). Dopo poco si passa all'uso civile e negli anni '70 comincia l'invio di posta elettronica, all'inizio tra università, poi tra privati.

Nel 1975 vi erano circa mille indirizzi. Negli anni successivi il numero di indirizzi è cresciuto esponenzialmente e la posta elettronica si è diffusa fuori degli Stati Uniti. Nel 1996, negli Stati Uniti, i messaggi inviati per e-mail hanno superato quelli spediti per posta tradizionale. Si stima che oggi nel mondo ci siano oltre 4 miliardi di account e-mail e che ogni giorno vengano inviati mediamente intorno a 200 miliardi di e-mail.

Rispetto alla posta tradizionale la posta elettronica presenta vantaggi legati alla maggiore rapidità, al costo più basso e alla possibilità di inviare elaborati al computer o altro materiale informatico che può essere rielaborato da parte del ricevente. C'è anche il vantaggio che le e-mail inviate e ricevute e gli indirizzi di quelli con cui si è in corrispondenza restano in memoria, per cui anche a distanza di tempo è possibile riprendere uno scambio.

Tuttavia per accedere alla posta elettronica è necessario disporre di un computer e avere competenze di informatica di base. La posta tradizionale richiede di essere alfabetizzati o di farsi aiutare da qualcuno alfabetizzato. La posta elettronica richiede qualcosa in più.

Un volontario tiene un corso di informatica di base in un villaggio rurale del Ghana

A metà degli anni Novanta arrivano gli SMS, *Short Message Service*, i brevi messaggi inviati con i cellulari. Negli anni successivi si diffonde la pratica dell'IM, l'*instant messaging*, da computer o device mobili. Ci si scambiano brevi messaggi, a volte con modalità sincrona, nel senso che l'altro, se è connesso, legge il messaggio via via che l'emittente lo scrive. Più spesso la modalità è asincrona: il messaggio resta in memoria e la risposta viene inviata dopo.

Con l'IM è possibile anche inviare file o filmati. I social network diventano ambiti in cui ci si scambiano velocemente messaggi tra persone in contatto.

Negli ultimi anni l'uso delle tecnologie di messaggistica è cresciuto significativamente. Al mondo ci sono miliardi di utenti dei sistemi di messaggistica. Le e-mail restano comunque il sistema di comunicazione a distanza più usato negli affari e nelle attività professionali. Si tende a preferirle perché consentono una comunicazione meno evanescente, più sistematica e più riguardosa. La messaggistica sul lavoro è preferita, soprattutto per economicità e praticità, tra colleghi o persone che appartengono alla stessa organizzazione o collaborano in modo strutturato.

La posta tradizionale continua a essere utilizzata quando l'accesso alle nuove tecnologie è carente o per comunicazioni ufficiali. La posta elettronica certificata (PEC o CE, *Certified E-mail*) consente di avere garanzie sull'identità dell'emittente e del ricevente e l'attestazione di un terzo circa l'invio. Non è però tanto diffusa da sostituire la posta tradizionale nelle comunicazioni ufficiali. L'*Universal Postal Union* stima che il traffico della posta tradizionale rappresenti attualmente circa il 40% del complessivo.

Il panorama del mondo è diseguale. I mezzi più recenti di comunicazione a distanza sono penetrati scarsamente nelle aree dove sono meno diffusi i device, le tecnologie e le abilità per usarle. Internet, ad esempio, è usato soprattutto in Nordamerica, Australia, Europa. In Asia è adoperato da più dell'80% della popolazione in Giappone, a Hong Kong, in Sud Corea, a Singapore e Taiwan. Negli altri trenta paesi asiatici però gli utilizzatori di Internet rappresentano meno del 35% della popolazione.

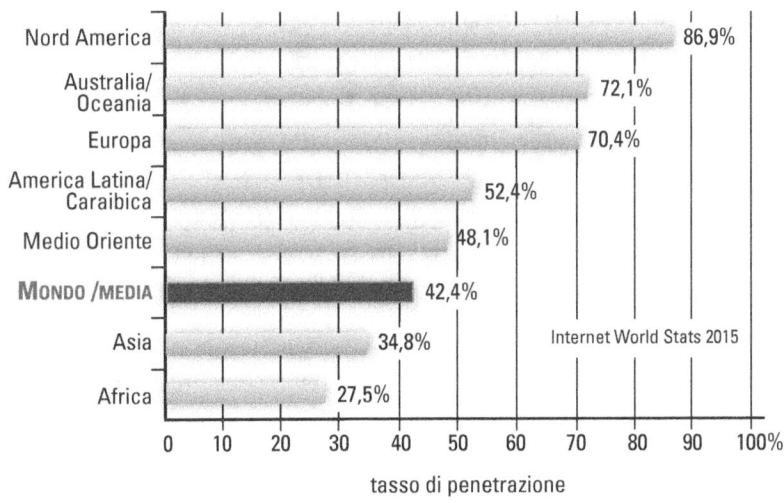

Tassi di penetrazione di Internet nelle macroregioni del mondo

Nasce la stampa

L'invenzione della stampa viene tradizionalmente attribuita a Johann Gutenberg, orafo tedesco del XV secolo. In realtà la stampa a caratteri mobili era già nota ai Cinesi vari secoli prima. In Cina il primo libro impresso con caratteri di legno risale al IX secolo ed è della fine del XIV il primo impresso con caratteri metallici. Tuttavia i Cinesi non avevano fatto un uso sociale della tecnologia, che adoperavano per limitate tirature di libri.

Gutenberg dedicò un ventennio a mettere a punto il procedimento tipografico, alle prese non solo con i problemi tecnici, ma anche con la difficoltà di finanziarsi. Per stampare la *Bibbia dalle 36 righe* (tante ne conteneva ogni pagina) e la *Bibbia dalle 42 righe*, completate a Magonza nel 1450 e nel 1455, occorsero anni. Il risultato qualitativo però era eccezionale: le due Bibbie sono unanimemente ritenute capolavori dell'arte tipografica. Negli anni successivi il procedimento divenne più spedito e efficiente e le macchine da stampa e l'arte tipografica si diffusero nelle principali città europee.

I primi stampatori restarono nella linea dell'editoria manoscritta medievale, si mossero – come si dice nel marketing – nel *frame* del concorrente, cioè nello schema, nel modo di pensare di chi cerca di guadagnarsi uno spazio di mercato imitando i prodotti esistenti. A cominciare dallo stesso Gutenberg, cercarono di realizzare opere di lusso in tutto e per tutto simili ai codici manoscritti: i caratteri ricordavano la scrittura manuale e ampi spazi erano lasciati alle miniature e alle decorazioni.

Dal punto di vista dei primi tipografi la stampa era solo un mezzo per fare gli stessi prodotti editoriali che si facevano a mano, a costo più basso, più rapidamente e soprattutto con meno errori. L'esattezza dei testi era assicurata dalla correzione di bozze effettuata prima di usare le matrici e dal fatto che tutte le pagine stampate con la stessa matrice fossero identiche. I prezzi più bassi si potevano praticare perché i tempi di lavorazione si accorciavano, ma soprattutto perché, al posto della costosa pergamena, si usava la carta, arrivata dalla Cina attraverso gli Arabi già da un paio di secoli e particolarmente adatta all'opera tipografica.

Indubbiamente il mercato per un'attività editoriale del genere c'era: chi commissionava il libro ai tipografi, anziché agli amanuensi, non doveva aspettare tempi lunghi, aveva un testo più affidabile e pagava meno. Tuttavia a noi, che conosciamo gli sviluppi

Paris, Bibliothèque des arts decoratifs   Università di Greifswald, facsimile

L'innovazione di Gutenberg

A sinistra vediamo una ricostruzione della macchina di Gutenberg, realizzata a Lipsia alla fine del XIX secolo. La macchina ha alle spalle l'eredità della tradizione popolare e artigiana: è un torchio a vite, come quelli adoperati da secoli per pigiare l'uva o le olive o per stampare decorazioni su tessuti. Sul piano del tavolo si vede la cassetta che contiene i caratteri tipografici di piombo composti. Ciascun carattere si otteneva fondendo il piombo, per l'esattezza una lega di piombo e antimonio, in forme di argilla e consisteva in blocchetti con le lettere a rilievo.

La pagina della *Bibbia a 36 linee* (a destra) è splendidamente decorata. Le Bibbie di Gutenberg assieme alle altre opere tipografiche prodotte prima del 1500 si chiamano solitamente incunàboli (dal latino *incunabola* = fasce, per sottolineare che l'arte tipografica era neonata). Si tratta di opere preziose, conservate in varie decine di migliaia in diverse biblioteche europee.

successivi, fa specie pensare che la stampa fosse ridotta a far concorrenza alla scrittura manuale. I primi stampatori non sospettavano nemmeno le enormi potenzialità della stampa, non si rendevano conto di avere per le mani uno strumento col quale si sarebbe potuto realizzare un'editoria su larga scala, con una diffusione e un mercato ben più ampi.

Tre secoli di cambiamenti prima della stampa di massa

Ai primi stampatori non mancavano l'immaginazione e il fiuto commerciale. Se non si accorsero delle potenzialità della stampa è perché i tempi non erano maturi: c'era lo strumento tecnologico, ma non c'erano ancora le condizioni sociali e culturali per un'editoria a larga diffusione. Tutto sommato, dato il contesto storico-sociale in cui vivevano, avevano ragione a inserirsi nel filone dell'editoria manoscritta.

Una vera e propria editoria di massa si svilupperà solo a partire dal XIX secolo, ormai in un mondo nuovo, caratterizzato dallo sviluppo esplosivo delle comunicazioni. Nei circa quattro secoli che separano l'invenzione della stampa dalla nascita dell'editoria di massa, seppure sempre entro limiti contenuti, si ebbe una progressiva diffusione dei libri e da un certo punto in poi dei giornali. A poco a poco infatti si crearono le condizioni per un impiego più estensivo della stampa. Sono tre i cambiamenti più significativi di quei secoli.

Nasce un nuovo pubblico. I lettori dei codici medievali appartenevano a un'élite di nobili e religiosi. Affinché il mercato dell'editoria si allargasse occorreva che altre fasce della popolazione accedessero alla lettura, cioè che fossero alfabetizzate e interessate a leggere. Il processo di ampliamento del pubblico era già cominciato alla fine del '200, quando si erano avvicinate alla lettura le persone della borghesia mercantile (commercianti, artigiani, piccoli imprenditori delle città) ed erano nate le università laiche. Le richieste di libri erano aumentate, tanto che i monasteri non riuscivano più a evaderle ed erano nate botteghe artigiane di copisti e rilegatori. I primi stampatori trovano spazio in questo mercato che si era creato fuori dei conventi.

Un incremento consistente di lettori si ha però solo dal XVI secolo in poi, con l'avvento della vera borghesia, cioè di quegli imprenditori ricchi e professionisti in ascesa sociale, che acquisiscono terre, a volte acquistano titoli nobiliari e soprattutto studiano e leggono, perché le conoscenze e la cultura sono il loro passaporto nella società.

Specie dal XVII secolo in poi e specie in alcuni paesi, come Inghilterra e Francia, la lettura penetra nelle fasce più basse, tra operai e contadini, che in alcuni casi leggono anche se sono semianalfabeti. Il pubblico popolare però fino al XIX secolo è sempre stato una minoranza, nonostante la gente del popolo fosse la fetta più numerosa della popolazione. Ad esempio, dai testamenti e dagli inventari di beni fatti dopo la morte risulta che a Canterbury tra il 1620 e il 1640 possedevano libri il 90% dei professionisti, il 50% degli artigiani e il 33% degli operai edili.

Cambia la produzione editoriale. Per un pubblico nuovo occorrevano anche prodotti editoriali nuovi. L'élite dell'editoria manoscritta leggeva opere religiose e classici. Come ha osservato lo storico francese Roger Chartier, a poco a poco si crea un nuovo "ordine dei libri", cioè un nuovo catalogo di opere in circolazione. Hanno sempre più spazio i testi di filosofia, diritto, logica, matematica, astronomia, storia, geografia, fisica, chimica, medicina, storia naturale, poesia, teatro, narrativa, critica letteraria. Compaiono anche le collane economiche di letteratura popolare: famosa la *Bibliothèque bleue* (biblioteca blu), francese, che prendeva il nome dal colore della carta da zucchero con cui erano rilegati i volumi. In edizioni economiche si pubblicano guide pratiche (per l'agricoltura, per scrivere lettere, ecc.), opere di narrativa (fiabe, racconti cavallereschi, farse, poemi burleschi) e versioni adattate di testi colti, come quelli di Boccaccio o di Quevedo.

Per orientare i lettori nella multiforme offerta editoriale si pubblicano anche bibliografie e cataloghi. Nella mente della gente permane a lungo una gerarchia, con i classici e i testi religiosi in cima e via via gli altri fino alla letteratura leggera, che fa da fanalino di coda. Di fatto però il lettore si trova di fronte a una commistione di generi diversi, suggerita a volte anche dalle scelte editoriali. Ad esempio, all'inizio del XVI secolo lo stampatore veneto Aldo Manuzio pubblicò una collana in cui accanto a Virgilio, a Orazio, a Ovidio figuravano Dante e Petrarca, classici latini assieme a opere in volgare relativamente recenti.

L'offerta editoriale non cambia solo nei contenuti, ma anche nel modo in cui si presentano i testi. Il lavoro del lettore viene ridotto al minimo e si punta all'accessibilità e alla comprensibilità. Mentre in precedenza era il lettore a numerarsi le pagine e a districarsi in righe senza punteggiatura, l'editoria stampata sceglie la strada di offrire testi ultimati, dove non c'è da far altro che leggere. Compaiono le suddivisioni in paragrafi, che rendono più facile individuare la trama concettuale del testo. Scompaiono le note di commento che in genere venivano riportate su tre lati e finivano per essere preponderanti: il testo si presenta ora nella sua essenzialità.

Si afferma la libertà di stampa. Con l'editoria manoscritta i governanti, i nobili e il clero, cioè i vertici della società, riuscivano a controllare la circolazione del sapere e la tradizione. Con l'editoria stampata il controllo sfugge loro di mano. L'editoria manoscritta era un sistema chiuso: l'élite commissionava ai copisti libri di cui fruiva la stessa élite. In queste condizioni era facile evitare che nascessero e si diffondessero idee nuove a carattere sovversivo, capaci di mettere in discussione il sistema.

L'editoria stampata inaugura un sistema aperto, in grado di produrre e diffondere idee nuove e difficile da controllare. L'editore non lavora su commissione, ma di iniziativa propria, per cui mette in circolazione i testi che ritiene più opportuno, lasciandosi guidare dalle vendite e dal mercato. L'editoria poi si rivolge a un pubblico eterogeneo e con una varietà di proposte culturali, cosa che, per effetti di *cross-fertilization*, come conseguenza dell'intreccio di stimoli intellettuali diversi, fa nascere fermenti intellettuali imprevedibili. Stimoli di carattere diverso, come classici, opere filosofiche, poesie, generi popolari, possono arrivare a uno stesso individuo e, mescolati con gli elementi del suo entroterra culturale e rielaborati, possono dar luogo a modi di vedere e concezioni senza precedenti.

Fermento, apertura e imprevedibilità sono legati anche al fatto che alcuni lettori possono trasformarsi in autori, traducendo le rielaborazioni degli stimoli editoriali in nuovi orientamenti dell'editoria. È il circuito della comunicazione libraria, messo in evidenza da Robert Darnton. La nuova posizione in cui veniva a trovarsi il lettore – soggetto a una varietà di stimoli intellettuali, "corteggiato" dalle proposte editoriali e proiettato verso un ruolo attivo di elaboratore di idee – aveva anche un altro effetto, di fondo, sotterraneo ma devastante per il tradizionalismo: lo sviluppo del senso critico.

Il lettore finiva per trovarsi al centro, era l'arbitro che, da solo, con i propri princìpi e i propri ragionamenti, senza preoccuparsi del parere delle autorità, giudicava ciò che leggeva.

Se giudichi per tuo conto – scrive il filosofo John Locke rivolgendosi al lettore nelle prime pagine della sua opera più famosa, il *Saggio sull'intelletto umano*, del 1690 – *so che giudicherai onestamente; e, qualunque sarà la tua critica, non sarò né danneggiato né offeso.*

È anche per effetto dell'editoria, oltre che per l'affermarsi della scienza e delle idee democratiche, che all'appello all'autorità si sostituisce l'appello alla ragione.

Era irreparabile che l'editoria stampata entrasse in conflitto con i gruppi che tradizionalmente detenevano il monopolio del sapere. La manifestazione più tangibile delle tensioni sociali sorte attorno all'editoria è stata la censura. Nel mondo antico c'erano stati atti di repressione nei confronti di dottrine giudicate pericolose, ma la censura sistematica e organizzata si affaccia solo con la stampa.

L'Inquisizione attua una censura *ex post facto*, a libri usciti: i libri considerati eretici vengono bruciati e autori e editori perseguiti penalmente. Nel 1546 lo stampatore lionese Etienne Dolet, colpevole di aver pubblicato il *Nuovo Testamento* in volgare, oltre che Rabelais, Marot e soprattutto Erasmo, viene bruciato sul rogo a Parigi.

La Chiesa attua anche una censura preventiva. Nel 1515 Leone X per lo Stato Pontificio affida ai vescovi, che a loro volta incaricano addetti, il compito di leggere tutto ciò che si intendeva stampare nelle loro diocesi per dare o negare il nulla osta (*nihil obstat*). Chi pubblica nonostante il rifiuto va incontro a sanzioni che vanno dal ritiro dei libri a multe e alla sospensione dell'esercizio dell'attività.

Vari governi, nei decenni successivi alla decisione di Leone X, organizzano proprie censure, che almeno all'inizio si avvalgono anche di ecclesiastici e che cercano di tutelare sia gli interessi statali, sia quelli della Chiesa. Forse la più capillare censura statale fu quella della Francia dell'Antico regime, che poco prima della Rivoluzione francese arrivò a contare circa 180 censori e una rete di ispettori governativi. Nei decenni che precedettero la Rivoluzione francese la censura di Stato fece scontare pene nel carcere della Bastiglia a numerosi editori, librai e autori, tra questi ultimi Rousseau, Voltaire e Diderot.

Il formaggio e i vermi

Lo storico italiano Carlo Ginzburg (1976) ha ricostruito il caso di Domenico Scandella, detto Menocchio, un mugnaio friulano processato per eresia dall'Inquisizione e condannato a morte nel 1600. Menocchio aveva elaborato una bizzarra teoria dell'origine del cosmo: il mondo non sarebbe stato creato da Dio, ma si sarebbe formato attraverso un processo di trasformazione simile a quello che subisce il formaggio con i vermi. Menocchio aveva sottoposto anche ad analisi storico-sociale il fenomeno religioso, ricavandone convinzioni meno bizzarre, ma improponibili allora: le Chiese erano organizzazioni per sfruttare i poveri e tutte le religioni erano da considerarsi uguali.
La cosa interessante per la storia della stampa è il resoconto delle letture da cui aveva tratto ispirazione che Menocchio fece all'In-

continua ▶▶▶

quisione: una *Bibbia* in volgare, il *Corano*, una versione integrale del *Decamerone*, una traduzione dei *Viaggi* di sir John Mandeville (resoconto fantastico di un viaggio in Terrasanta di un cavaliere inglese), una cronaca medievale catalana.

Menocchio è un debole, una vittima patetica della *cross-fertilization*. L'editoria stampata però produceva effetti simili in persone con ben altra posizione sociale e ben altra forza intellettuale, persone in grado di elaborare concezioni nuove con i mezzi e la scaltrezza necessari a far sì che si affermassero.

Nonostante lo spiegamento di forze e l'aggressività dell'Inquisizione, la censura non si è rivelata molto efficace. La Svizzera e ancor più l'Olanda offrirono rifugio ad autori e editori. Di lì le opere uscivano e circolavano per l'Europa. Fermarle era pressoché impossibile, a meno di perseguire i lettori, cosa difficile e rischiosa. Persino Malesherbes de Lamoignon, ministro del re di Francia preposto alla censura, nelle sue Memorie, pubblicate dopo la caduta dell'Antico regime, spiegò che la censura era inutile e dannosa, perché non faceva altro che danneggiare l'economia del paese.

La Rivoluzione francese con la *Dichiarazione dei diritti dell'uomo e del cittadino* affermò il principio della libertà di stampa. Con la Restaurazione la censura venne reintrodotta, ma ormai l'idea della libertà di stampa era penetrata nella cultura europea e le autorità che intendevano controllare il sapere non potevano che scendere a patti con l'editoria, che si configurava come una nuova realtà e un nuovo potere del mondo moderno.

Attenti a non sopravvalutare l'impatto della stampa

Nei quattro secoli che seguono all'invenzione della stampa le condizioni sociali e culturali sono diventate via via più favorevoli all'editoria stampata e questa si è diffusa fino ad arrivare alla stampa di massa. Ma quali effetti ha prodotto il fatto che in circolazione ci fossero libri e, dal XVII secolo in poi, giornali? Come ha influito sui cambiamenti di quei secoli?

Alcuni studiosi hanno sostenuto che l'editoria stampata è stata un potente agente di cambiamento della civiltà occidentale. Ad esempio, Marshall McLuhan, sociologo canadese, autore di libri sulla storia dei media di vasta eco e discussi, in *Understanding media* del 1964, sostiene che le principali trasformazioni del mondo moderno sono conseguenza della stampa.

Sul piano psichico il libro stampato, estensione della facoltà visiva, ha intensificato la prospettiva e il punto di vista fisso [...] Sul piano sociale questa estensione originò il nazionalismo, l'industrialismo, la produzione di massa, l'alfabetismo e l'istruzione universale.

Una presa di posizione come quella di McLuhan pecca di psicologismo, tende a ricondurre tutto a cambiamenti psicologici. La stampa avrebbe provocato l'accentuazione della vista e lo sviluppo di un pensiero spazializzato e di qui a cascata sarebbero derivati gli altri cambiamenti. La tesi di McLuhan ha anche il difetto di essere monofattoriale: la stampa diventa il fattore all'origine di tutto.

In realtà la stampa si diffonde in secoli segnati da una serie di grandi trasformazioni storico-sociali, che abitualmente vanno sotto il nome di modernizzazione. Rivoluzione agraria, industrializzazione, espansione dei servizi, capitalismo, esplosione demografica, urbanizzazione, rivoluzione scientifica, nascita dello Stato moderno e altri cambiamenti ridisegnano in quei secoli le società tradizionali, che duravano abbastanza stabili da millenni. Dietro c'è un complicato intreccio di fattori, in cui la stampa è solo un fattore tra gli altri.

Molte grandi forze storico-sociali hanno cospirato a produrre i cambiamenti della modernizzazione. La diffusione della stampa ha fatto la sua parte, ma non è il caso di esagerarne il peso. Ai cambiamenti che ha favorito hanno contribuito sicuramente altri fatti e la stessa diffusione della stampa c'è stata per effetto di altre novità più o meno grandi di quel periodo.

Alienazione tipografica: un male da cui stiamo guarendo?

McLuhan in *The Gutenberg galaxy*, del 1962 sostiene che la stampa ha creato l'uomo tipografico, un uomo alienato, a disagio perché allontanato dalla propria natura. La stampa, secondo McLuhan, rende l'uomo innaturale per due ragioni: lo induce a sviluppare la vista a scapito degli altri sensi, specie dell'udito e del tatto, lo spinge a isolarsi, a pensare da solo, anziché vivere in stretta connessione con la collettività e inserito nelle tradizioni. Con lo sviluppo moderno delle comunicazioni, con il telefono, il cinema, la radio, la televisione, l'uomo, secondo McLuhan, torna a far lavorare l'udito e a connettersi alla collettività: vive di nuovo nel villaggio, anche se adesso si tratta di un villaggio globale.

Le idee di McLuhan sono suggestive, ma, esaminate attentamente, presentano parecchi punti deboli. Che la stampa spinga a privilegiare la vista sugli altri sensi è da dimostrare: un conto è dire che chi legge, mentre legge, usa essenzialmente la vista, altro che la pratica di leggere deformi la sensibilità umana a favore della vista.

La convinzione poi che l'uomo per natura sia un essere portato a privilegiare altri sensi, anziché la vista, è errata. Le ricerche di psicologia della percezione hanno mostrato ampiamente che nell'uomo c'è un predominio della vista, anche nei bambini che non leggono. Questo predominio probabilmente ha origini antichissime e risale a *Homo habilis*, cioè alla specie più antica del genere *Homo*, vissuta tra tre milioni e un milione e settecentomila anni fa. *Homo habilis* ha sviluppato la vista probabilmente perché, per lavorare gli utensili, ha dovuto coordinare le azioni sotto il controllo degli occhi.

L'alienazione visiva, se di alienazione si tratta, non è dovuta alla stampa, ma alla più antica abilità tecnologica dell'uomo, quella di usare le mani per movimenti e prese di precisione e per fabbricare. Suggerisce che le cose stiano così l'analisi dei resti di crani dei nostri antenati, che ci hanno permesso di documentare un significativo sviluppo della corteccia visiva, la parte del cervello impegnata quando percepiamo attraverso la vista.

Più consistente è l'ipotesi che la stampa favorisca l'isolamento e l'individualismo. La pratica della lettura in effetti crea un universo privato, al tempo stesso di isolamento e di grande ricchezza di stimoli. L'individualismo moderno però non può essere ricondotto semplicemente alla diffusione della stampa e della pratica della let-

continua ▶▶▶

tura. È uno dei pilastri dell'ideologia moderna e come questa è il risultato di un intreccio di vari cambiamenti.

All'individualismo ha contribuito senz'altro l'esperienza del tempo libero, legata alla moderna organizzazione del lavoro, con una prevalenza di lavoratori dipendenti. Il tempo libero come noi lo intendiamo, come sospensione del lavoro istituzionale e da riempire liberamente, non esisteva prima del mondo moderno.

Per fare un altro esempio, l'individualismo è anche il risultato del nuovo assetto economico, con la figura dell'imprenditore e quella del consumatore. Per l'imprenditore è importante l'idea di autonomia individuale, dato che la sua attività si basa sulla capacità di progettare, sullo spirito d'iniziativa e sulle disponibilità economiche che gli consentono di investire. Il consumatore è uno che si circonda di beni materiali e di oggetti, che crea intorno a sé un mondo, in cui si ritira, si identifica e che lo definisce come quel determinato individuo. Come ha sottolineato l'antropologo francese Louis Dumont, mentre nella visione tradizionale prevale il rapporto tra persone, in quella moderna acquista rilievo il rapporto della persona con le cose di sua proprietà. Del resto il filosofo Locke, sul finire del Seicento, identifica chiaramente un uomo anche con ciò che ha.

Ancora verso l'individualismo e l'isolamento delle persone hanno spinto anche gli Stati moderni, con l'idea di cittadino e poi con la democrazia e i servizi. Tutto un fermento ideologico ha fatto leva sull'idea di individuo isolato per ammantare di ideali realtà come le disuguaglianze economico-sociali o le disparità di potere. E potremmo andare avanti con l'analisi.

McLuhan liquida con un giudizio negativo lo sviluppo della dimensione individuale, che a suo avviso la stampa avrebbe prodotto. È azzardato. Sull'individualismo ci sono modi di vedere contrastanti e soprattutto, se l'individualismo può essere condannato, il senso moderno dell'individualità è strettamente legato a ciò che oggi noi consideriamo civiltà. Se il villaggio globale dovesse davvero farci perdere il senso moderno dell'individualità, rischierebbe di distruggere anche conquiste della nostra civiltà.

Seri dubbi poi sono stati sollevati sull'idea di villaggio globale. Da più parti si è osservato che, se è vero che con lo sviluppo moderno delle comunicazioni le persone hanno più possibilità di contatto, le condizioni però non sono esattamente quelle della comunicazione orale faccia a faccia. I media, per sofisticati che siano, sono tecnologie della comunicazione e come tali, rispetto alla comunicazione orale, comportano restrizioni: se da un lato ci consentono di fare di

continua ▶▶▶

più, dall'altro non ci permettono di comunicare con quella complessità possibile quando siamo faccia a faccia. Il villaggio globale è più apparente che reale: in effetti viviamo in un mondo tecnologicamente sofisticato assai lontano dal villaggio e dall'esperienza delle culture orali.

Quattro cose che la stampa ha favorito in modo decisivo

La diffusione della stampa è solo uno dei molti eventi che hanno contribuito alle grandi trasformazioni della modernizzazione. Ma quale parte ha giocato? Non è facile districarsi nell'intricato processo della modernizzazione, tanto da ritagliare il ruolo che ha avuto la stampa. Conviene accontentarsi di individuare più modestamente alcuni cambiamenti ai quali la stampa ha contribuito in modo significativo.

Rivoluzione scientifica. Solitamente si chiama così il grande cambiamento che ha portato alla scienza moderna, cioè grosso modo alla scienza come la conosciamo oggi. La trasformazione comincia a delinearsi già dal XV secolo e va avanti nel XVIII, ma il secolo decisivo è il XVII.

La rivoluzione scientifica è al dunque una rivoluzione metodologica, un cambiamento radicale nel modo d'intendere la scienza e fare ricerca. Al di là di ciò che i protagonisti della vicenda hanno teorizzato, da Bacone a Newton, a Galileo, il nocciolo dell'innovazione metodologica sta nel fatto che ci si affranca dall'autorità della tradizione.

In precedenza ci si rifaceva costantemente agli insegnamenti degli autori classici. Gli scienziati moderni pensano invece che ognuno debba cercare autonomamente di capire come stanno le cose, senza temere di arrivare a conclusioni in contrasto con l'autorità della tradizione. Il vaglio scientifico, il sistema per discernere il vero dal falso, non si basa sul riscontro della tradizione, ma sulla disamina delle prove e sul confronto tra scienziati. Ognuno espone le proprie idee, illustra i ragionamenti che ha fatto e le prove raccolte, assieme si discute, tutti alla pari, fino a che l'evidenza emerge. Liberate dal vincolo della tradizione, le scienze iniziano un cammino di progresso impressionante. Il Seicento è il secolo della rivoluzione copernicana in astronomia, della meccanica newtoniana, della scoperta del mondo microscopico in biologia, dello studio della fisiologia della circolazione del sangue ad opera di Harvey.

La stampa ha senz'altro favorito lo sviluppo della nuova mentalità scientifica. L'editoria ha creato condizioni per il confronto di idee e ha invogliato fasce sempre più ampie di popolazione a pensare in proprio, quando non a scrivere e pubblicare. Ha finito per far perdere potere alle autorità che controllavano la circolazione del sapere e ha promosso la libertà di stampa e di opinione.

Beninteso, a mettere in discussione l'autorità della tradizione non è stata solo la stampa. La tendenza a pensare liberamente è in sintonia con la nuova economia, che considera il consumatore un arbitro del mercato, o con le nuove ideologie politiche, che almeno in teoria tendono a dare sempre più peso al cittadino. Filosofi e scienziati poi hanno spesso seguito piste proprie, attratti da interessi particolari.

La stampa, oltre che favorire l'antidogmatismo tipico della scienza moderna, ha messo a disposizione strumenti per fare scienza. Come ha sottolineato la storica americana Elizabeth Eisenstein, l'editoria stampata ha reso possibile il lavoro tipico dello studioso, che consiste nel consultare e confrontare fonti diverse. L'editoria manoscritta non lo permetteva, a causa degli errori, della scarsa affidabilità dei testi e della mancanza di standardizzazione: due lettori che leggevano Virgilio, ad esempio, potevano leggere in realtà opere in parte diverse.

L'uso dei libri poi può aver contribuito a far salire il prestigio del riscontro visivo, della verifica fatta guardando. Chi va a controllare, ad esempio, una citazione usa la vista. Allo stesso modo gli scienziati che in anatomia, nelle scienze naturali, in astronomia, in microscopia si appellavano all'evidenza empirica sostenevano che l'importante non era fare congetture, ragionare in astratto, ma andare a guardare come stavano le cose. I protagonisti della rivoluzione scientifica hanno insistito sul valore dei riscontri empirici e questa loro convinzione può essere in parte legata al fatto che erano abituati a consultare una letteratura scritta affidabile, come quella dell'editoria stampata.

Riforma protestante. Ci sono legami piuttosto evidenti tra editoria stampata e riforma protestante. I riformatori si rivolgevano principalmente alle fasce medie della popolazione di paesi ad alto tasso di alfabetismo, almeno per quei tempi. Ciò che però rendeva la stampa decisiva nel quadro della riforma protestante era il principio della ragionevolezza del cristianesimo o del sacerdozio dei fedeli: ciascuno, adoperando la propria ragione, poteva arrivare a comprendere le verità rivelate delle Sacre Scritture, senza bisogno della guida dei religiosi nell'interpretazione.

È in questo spirito che la Bibbia venne tradotta nelle varie lingue volgari e resa accessibile a tutti. La stampa era il mezzo per fare in modo che tutti potessero trovare la verità leggendo le Sacre Scritture. Nei fatti poi il grosso della gente dei paesi protestanti non leggeva le Bibbie, troppo costose, ma estratti della Bibbia e pamphlet di riformatori.

Affermazione delle lingue nazionali. In Italia, in Francia, in Spagna e negli altri paesi europei la gente parlava una varietà di lingue e dialetti, ancora più numerosi di quelli odierni, dato che molti sono scomparsi. Gli editori, per avere un pubblico sufficientemente vasto, si sono trovati nella necessità di optare per una lingua o un dialetto. Lo hanno fatto spesso in considerazione degli autori. Ad esempio, in Italia il toscano è stato favorito per il prestigio letterario di Dante, Petrarca, Boccaccio e di altri autori.

In tutto questo non c'era alcun intento nazionalistico. Il nazionalismo si affaccerà in Europa nel XIX secolo. Troverà un punto di appoggio nel fatto che ci fossero lingue standard consacrate dall'editoria. Anche se questo ha avuto il suo peso, di qui non possiamo certo arrivare a concludere che la stampa abbia favorito il nazionalismo. Piuttosto ha gettato delle basi linguistiche sulle quali è stato poi edificato.

Esplosione scolastica. Tra XIX e XX secolo nei paesi avanzati c'è stata una crescita esplosiva della scolarizzazione. In Canada e negli Stati Uniti già a metà dell'Ottocento i livelli di alfabetizzazione erano alti, sebbene negli Stati Uniti a essere alfabetizzata fosse soprattutto la popolazione bianca. In Europa alti livelli di alfabetizzazione si raggiungono più tardi, a cominciare dalla Germania per passare poi gradatamente agli altri paesi.

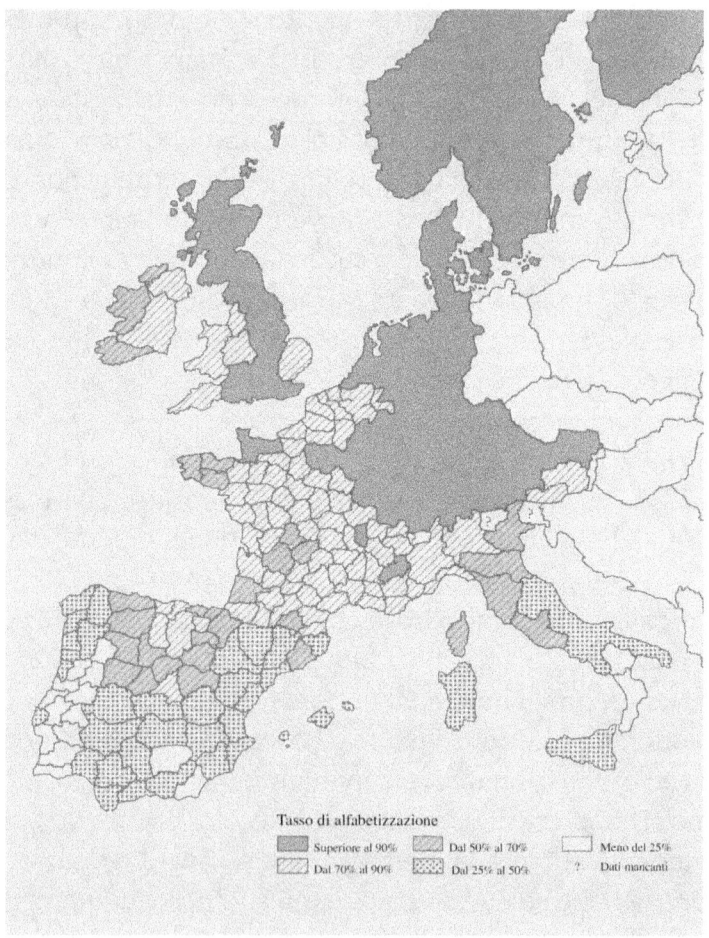

Tassi di alfabetizzazione in Europa all'inizio del XX secolo
I tassi più alti si riscontrano dove prevale la religione protestante.

Alla fase di alfabetizzazione segue quella di scolarizzazione di massa, in cui, sconfitto ormai l'analfabetismo, si eleva il livello di istruzione della popolazione. Anche nella scolarizzazione di massa il Nordamerica precede l'Europa.

A provocare l'esplosione scolastica sono soprattutto fattori diversi dall'editoria stampata. Decisivi sono le esigenze delle nuove attività produttive e ancor più gli orientamenti dei governi. La stampa di massa però ha influito stimolando una domanda di istruzione dal basso. Le persone delle classi sociali più basse erano a contatto con libri, riviste e giornali ed erano in difficoltà se non erano in grado di leggerli. La moda di leggere si diffondeva ed era spesso criticata dalle persone di classe sociale più alta, che arrivavano persino a considerare la lettura di romanzi o riviste un vizio. Comunque la moda spingeva a chiedere istruzione.

La stampa ha influito anche indirettamente, nella misura in cui ha favorito la riforma protestante. Il protestantesimo ha promosso l'insegnamento di lettura e scrittura con l'intento di mettere ognuno nella condizione di accedere personalmente alle Sacre Scritture. Non a caso la distribuzione dell'alfabetizzazione in Europa all'inizio del Novecento ricalca la mappa delle confessioni religiose.

La prima esplosione tecnologica

Nell'arco di tempo che va dai primi decenni del XIX alla metà del XX secolo si assiste a un'accelerazione dello sviluppo dei media improvvisa e senza precedenti: una vera e propria esplosione. Si moltiplicano i media: uno dopo l'altro compaiono stampa di massa, telegrafo, telefono, cinema, radio, televisione. Soprattutto però i media hanno una larga diffusione, non sono più confinati a un'élite, ma diventano oggetto di consumo delle masse.

La tavola della pagina seguente sintetizza il quadro dell'esplosione tecnologica, con tempi, innovazioni e effetti sociali. Il fenomeno ha interessato Europa e Nordamerica e in un secondo tempo ha avuto ricadute sugli altri paesi del mondo.

I MEDIA DELLA PRIMA ESPLOSIONE TECNOLOGICA

STAMPA DI MASSA. Sin dagli ultimi anni del '700 la stampa si diffonde sempre più e nei primi decenni del secolo c'è già la stampa di massa, con libri, specie di evasione, sempre nuovi e ad alte tirature e con i giornali di informazione.

CINEMA. L'invenzione del cinematografo ha alle spalle una lunga storia, in cui confluiscono le esperienze sul movimento illusorio e la fotografia e che è segnata dalla realizzazione di vari apparecchi. Nel 1892 Thomas Edison negli Stati Uniti mette a punto una macchina che consente di vedere un film guardando attraverso una fessura: il limite principale è che può funzionare per uno spettatore alla volta. Tre anni dopo Louis Lumière realizza il primo apparecchio di proiezione. Lo stesso anno a Parigi, nel "Salone indiano" del Grand Café, ha luogo la prima proiezione pubblica. Negli anni successivi è possibile vedere spettacoli cinematografici nelle principali città europee e degli Stati Uniti e poi anche nei centri minori. Non ci sono ancora sale riservate al cinema e i primi film sono brevi e hanno soggetti futili, da cabaret. Domina più che altro la curiosità per il nuovo spettacolo. Solo nel primo decennio del XX secolo prende corpo il cinema vero e proprio, con sale cinematografiche e film di lunga durata che raccontano storie. Con la prima guerra mondiale in Europa si interrompe la produzione cinematografica, mentre negli Stati Uniti va avanti e i film statunitensi vengono esportati in buona parte del mondo. Non ci sono problemi di lingua, perché i film sono ancora muti. Comincia così la grande industria cinematografica statunitense. Alla fine degli anni '20 arriva la colonna sonora.

TELEGRAFO. Quando Samuel Morse nel 1840 fece brevettare il suo apparecchio, erano già in uso da qualche anno altri sistemi di telegrafia elettrica. Il telegrafo ha avuto grande influenza sul giornalismo, perché consente di far arrivare in breve tempo notizie da posti lontani (i corrispondenti e le prime agenzie di stampa nascono in questi anni), ma anche sul commercio, sull'economia e sulla guerra. Negli Stati Uniti è proprio con la Guerra civile, tra il 1861 e il 1865, che la rete telegrafica diviene imponente. Nei decenni successivi, con l'arrivo del nuovo potente mezzo di telecomunicazione, il telefono, il telegrafo declina.

TELEFONO. Nella seconda metà dell'Ottocento Manzetti, Reis, Meucci, Bell, Hughes Gray, Graham mettono a punto i primi apparecchi telefonici. Nel 1878 nasce la prima rete negli Stati Uniti, con oltre 150 mila abbonati, e l'anno dopo la prima europea a Parigi. Nel 1889 il telefono arriva anche in Italia, a Milano. Fatto interessante, all'inizio il telefono fa anche da mass media: trasmette notizie, musica, pubblicità, pezzi teatrali. Quando compaiono i veri mass media, gradatamente si trasforma in telecomunicazione pura.

RADIO E TELEVISIONE. Le esigenze belliche della prima guerra mondiale hanno accelerato lo sviluppo della radiofonia e, appena finita la guerra, cominciano trasmissioni regolari in Francia, in Gran Bretagna e negli altri paesi. Già pochi anni dopo cominciano trasmissioni televisive sperimentali in Gran Bretagna e negli Stati Uniti. Nel 1936 cominciano trasmissioni regolari della BBC (*British Broadcasting Corporation*), poi in Francia, negli Stati Uniti e, dal '54, anche in Italia. Radio e televisione sono i primi mass media in grado di arrivare simultaneamente a più spettatori: nasce l'esperienza di assistere assieme a uno spettacolo anche se non si è riuniti in un posto e non si sa l'uno dell'altro.

Come si spiega la prima esplosione tecnologica

Come accade per tutti i cambiamenti importanti, a provocare la prima esplosione tecnologica hanno contribuito diversi fattori tra loro intrecciati. Se i media si moltiplicano e si diffondono tra la gente, è perché si delinea un nuovo mondo, un contesto favorevole che prima non c'era. Per semplicità possiamo distinguere sei fattori che hanno agito come motori del cambiamento.

L'esplosione scolastica. A partire dal XIX secolo la scolarizzazione viene estesa a fasce sempre più ampie di popolazione e c'è sempre più gente che va avanti negli studi. Il primo risultato è stato il progressivo calo dell'analfabetismo. Stati Uniti, Canada e Germania sono all'avanguardia e alla fine del XIX secolo hanno già raggiunto alti livelli di alfabetizzazione della popolazione. Nel XX secolo, sempre prima nel Nordamerica e poi in Europa, sale progressivamente il grado di istruzione della popolazione, c'è

ANALFABETISMO IN USA

ANNO	TASSO
1840	8,5%
1850	9,7%
1860	8,3%

medie nazionali
nella popolazione bianca
di oltre 10 anni

FONTE: U.S. CENSUS OFFICE

PERCENTUALI DI ANALFABETI TRA LE RECLUTE DI PAESI EUROPEI

ANNO	GERMANIA	FRANCIA	BELGIO	ITALIA
1880	1,50	13,84	21,66	48,88
1881-85	1,38	11,99	18,70	42,27
1886-90	0,69	9,02	16,42	43,10
1891-95	0,29	6,01	15,07	39,37
1886-1900	0,08	4,73	12,78	35,53
1901	0,05	4,38	12,38	32,61

FONTE: F.CORRIDORE, 1908

Alfabetizzazione nel XIX secolo

Come vediamo dalla tabella a sinistra, negli Stati Uniti l'analfabetismo era crollato a livelli sorprendentemente bassi fin dalla prima metà del secolo. Tuttavia l'alfabetizzazione era distribuita in modo diseguale a seconda della razza, del sesso e dell'area geografica. I dati sulle reclute indicano che in Europa la Germania, che già dalla costituzione del regno unificato di Prussia del 1871, vantava la fama di paese di letterati, aveva elevati tassi di alfabetizzazione già sul finire del secolo. In altri paesi europei però l'analfabetismo era ancora significativo.

sempre più gente che si iscrive alle scuole di livello più alto e consegue titoli di studio avanzati.

La scolarizzazione non produce solo alfabetizzazione, ma anche una spinta ai consumi culturali. Per fruire dei prodotti culturali occorre conoscerli, avere le basi intellettuali per interpretarli e per apprezzarli: ad esempio, chi ha nozioni di storia del cinema o di semiotica cinematografica più facilmente diviene un appassionato. La scuola entra poi nella vita delle famiglie come un momento in cui le nuove generazioni istituzionalmente si dedicano a leggere e a fruire dei prodotti culturali. Si diffonde così l'idea che nella quotidianità possa esserci uno spazio – non strappato a forza alle attività produttive, ma legittimo – anche per soddisfare i bisogni culturali. Con la scuola nasce un nuovo mercato editoriale, quello del libro scolastico.

L'industrializzazione. Nel XIX secolo si passa dalle industrie semiartigianali alla grande industria e tra XIX e XX secolo, accanto alla meccanizzazione del lavoro che incrementa la produttività, si sviluppa una maggiore organizzazione della rete di produzione e di vendita. Assieme all'industrializzazione si sviluppano scienza e tecnologia. Le nuove conoscenze e le nuove tecniche hanno ricadute anche sui media: possiamo rendercene conto esaminando i progressi della stampa, che, rimasta invariata fin dai tempi di Gutenberg, ora si trasforma radicalmente.

INNOVAZIONI TECNOLOGICHE NELLA STAMPA

1796   Alois Senefelder inventa la stampa litografica, in cui la matrice non è a rilievo e che consente di stampare assieme e con buoni risultati testo e immagini. Nei primi decenni del XIX secolo la litografia si perfeziona e si diffonde.

1800   Il torchio in legno viene sostituito per la prima volta dal torchio in metallo, meno soggetto a deterioramento.

1814   Friedrich Koenig inventa la stampatrice a vapore.

1820   Compaiono macchine in grado di stampare «bianca e volta», cioè sui due lati del foglio.

1845   Richard Hoe brevetta la prima rotativa, che stampa 8.000 fogli all'ora

continua ◗◗◗

(contro le 1.000 copie/ora precedenti).

1870   Le macchine a vapore vengono sostituite dalle macchine elettriche. Si comincia a produrre la carta di origine vegetale (ricavata prima dalla paglia e poi dal legno), meno costosa.

1884   Ottmar Mergenthaler idea la linotype, che consente di comporre i caratteri di piombo battendo su una tastiera.

1895   Karel Klic inventa la fotoincisione o rotocalco, procedimento adatto a riprodurre fotografie.

1939   Compare la prima macchina per fotocomposizione, "a freddo", che permette di comporre alla tastiera testi per la stampa litografica.

Con l'industrializzazione si affaccia l'esperienza del tempo libero come lo intendiamo oggi. In tutte le società c'è un tempo di lavoro e uno di non lavoro. Il tempo libero però è un tempo di non lavoro particolare, tipico del mondo moderno. È un'istituzione che ufficialmente ha lo scopo di consentire al lavoratore di recuperare sul piano fisico e spirituale e ha il sapore di una ricompensa. Tende a essere nettamente staccato dal lavoro e ciascuno è libero di riempirlo come vuole.

L'industrializzazione porta con sé il tempo libero perché si diffonde il lavoro dipendente, svolto in apposite organizzazioni, e gli orari di lavoro sono programmati, non più imprecisati come nel mondo agricolo e artigianale.

Con l'industrializzazione il tempo libero è anche aumentato, perché è cresciuta l'efficienza produttiva, si è riusciti a produrre di più a parità di mezzi e le nuove potenzialità sono state in parte sfruttate per incrementare la produzione, ma in parte per ridurre

ANNI	ORE SETTIMANALI
1870	60,0
1880	58,4
1890	56,5
1900	54,8
1913	52,8
1929	46,5
1938	42,5
1946	45,3
1950	44,0
1960	42,9
1970	40,9

FONTE: A. MADDISON 1982

In un secolo, nell'industria manifatturiera italiana le ore lavorative sono diminuite del 30% circa. In altri settori e in altri paesi la diminuzione è stata anche maggiore.

l'impegno orario dei lavoratori. Via via che si diffonde il tempo libero aumentano i consumi culturali delle persone, che decidono di impiegare questo tempo leggendo, andando al cinema, ascoltando la radio o guardando la televisione.

Il consumismo. Finita l'autosufficienza delle famiglie dell'età preindustriale, si comprano i generi di cui si ha bisogno, offerti dalle industrie e dalla grande distribuzione. La gente si abitua a consumare e le case si riempiono di articoli di ogni genere, non sempre strettamente necessari.

Il consumo dei media va a inserirsi in una più generale tendenza al consumo. Consumismo significa anche che l'economia si organizza per soddisfare i consumi e per indurli: nascono il marketing e la pubblicità. I media, in particolare alcuni media, troveranno nella pubblicità una fonte di finanziamento.

Le democrazie moderne. Tra XIX e XX secolo entra in crisi lo Stato liberale e, dove non si va verso totalitarismi, si fanno strada gli Stati democratici. I media hanno avuto un ruolo importante nella crisi dello Stato liberale, nella misura in cui hanno svelato i retroscena dei governi e hanno reso più visibili e forti le masse. A loro volta però le democrazie hanno creato un terreno favorevole all'ulteriore sviluppo dei media.

Nel nuovo clima democratico i governi, entro certi limiti, vedono di buon occhio i media, perché concorrono a far circolare le informazioni in seno alla società e a creare partecipazione alla vita politica. I governi democratici non rinunciano al controllo del sapere e della tradizione, ma a differenza delle precedenti monarchie assolute adottano strategie più elastiche della censura tradizionale, strategie che lasciano ai media più margine di azione. Di fatto viene a crearsi una sorta di alleanza tra politici e operatori dei media. Gli uni riconoscono il ruolo degli altri e assieme puntano a gestire il pubblico.

I trasporti. La crescente disponibilità di mezzi di trasporto sempre più rapidi ha avuto una parte importante nella nascita del nuovo mondo. Ha reso possibili l'industrializzazione e il consumismo, ma ha anche avuto effetti diretti sullo sviluppo dei media.

Ad esempio, le poste sono diventate più veloci grazie alle ferrovie e agli aerei. I quotidiani hanno conosciuto la possibilità di arrivare in tempo a lettori distanti dalle sedi di produzione.

Le sinergie tra media. Quando arrivano nuovi media mettono in difficoltà i precedenti, ma media vecchi e nuovi si potenziano anche a vicenda. Ad esempio, con l'avvento della radio e della televisione i giornali hanno perso terreno. Tuttavia la stampa quotidiana ha resistito anche grazie al fatto che c'erano la radio e la televisione. Ancora oggi se resiste è in parte perché molti altri media veicolano informazioni.

Le sinergie tra media possono essere dovute semplicemente al fatto che l'esistenza dell'uno rende più efficiente l'altro. Ad esempio, il telegrafo e poi il telefono hanno reso i giornali enormemente più capaci di fare informazione: una volta disponibili mezzi rapidi per comunicare a distanza, sono nati i corrispondenti e le agenzie di stampa. I media poi cospirano a favorire i consumi di media, a far pensare che per vivere nella società in cui viviamo abbiamo bisogno di usare i media che ci sono. I media si aiutano a vicenda anche perché creano un loro discorso e una loro tradizione: riprendono l'uno le notizie e le questioni introdotte dall'altro e così danno vita a una grande rappresentazione cui l'uomo di oggi assiste.

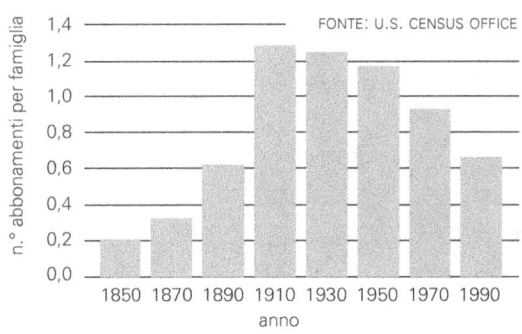

Diffusione dei quotidiani negli Stati Uniti tra il 1950 e il 1990
Si nota l'ascesa che culmina all'inizio del '900 e il declino in coincidenza con l'avvento della radio e della televisione. Andamenti simili si riscontrano in altri paesi.

Com'è nata e si è diffusa la stampa di massa

È interessante cercare di capire com'è nata e si è diffusa la stampa di massa, come si è arrivati ai libri e ai giornali capillarmente presenti nelle case. È anche un bell'esempio di come certe novità abbiano dietro un intreccio di fattori diversi.

Già alla fine del XVIII secolo cominciano a cambiare le abitudini dei lettori: come hanno messo in evidenza Rolf Engelsing e David Hall nelle loro ricerche storiche sui lettori della Germania e del New England, si passa dalla lettura intensiva alla lettura estensiva.

Nei primi secoli della stampa in casa si tenevano pochi libri, che venivano letti e riletti e sui quali si continuava a meditare. A volte la lettura era collettiva: il capofamiglia o chi era alfabetizzato leggeva e gli altri ascoltavano. In molti casi la lettura intensiva era dovuta al fatto che i testi letti erano la Bibbia o altri scritti religiosi. Anche quando si leggevano opere laiche c'era però un senso di riverenza, quasi di devozione verso il libro. Leggere voleva dire addentrarsi, come per magia, nel mondo del sapere, un mondo elitario, di potere, socialmente significativo: c'era qualcosa di esoterico nella lettura. Persino l'Inquisizione aveva contribuito a creare quest'immagine della lettura, inducendo a credere che il semplice leggere avesse in sé forza sovversiva, nei riguardi addirittura della Chiesa. C'erano anche motivi concreti per leggere sempre gli stessi libri: i libri erano costosi e non tutti in famiglia erano in grado di leggere.

La lettura estensiva è caratterizzata dal fatto che si leggono sempre testi nuovi. Il libro già letto perde attrattiva, è vecchio: si è nella logica del consumo, dell'usa e getta. Il passaggio alla lettura estensiva si inserisce in una più generale tendenza al consumismo, ma è dovuto anche al fatto che l'editoria propone testi da consumare e i prezzi crollano. Si tratta di un circolo autoamplificantesi, perché l'offerta editoriale cambia in risposta al consumismo della gente e i cambiamenti nell'offerta editoriale fanno crescere il consumismo culturale.

Di pari passo con il diffondersi della lettura estensiva la produzione editoriale cambia, adattandosi alle nuove esigenze del pubblico. Nei secoli precedenti c'era già stata una riconversione, che aveva portato ad affiancare ai classici e alle opere religiose testi di altro genere. Il catalogo dei libri in commercio era però rimasto essenzialmente colto e al suo interno aveva una gerarchia, con ai vertici la letteratura più impegnata. Ora ci si sposta nettamente verso l'editoria popolare, con un predominio della narrativa, in particolare di quella più leggera, di evasione.

Il numero di titoli pubblicati aumenta vertiginosamente, consentendo alla gente di avere sempre letture nuove da fare. In Gran Bretagna, ad esempio, dall'inizio alla fine del XIX secolo le opere pubblicate annualmente aumentano di dieci volte. I giornali, ogni giorno diversi, vanno incontro perfettamente alle esigenze consumistiche del lettore estensivo. In più da giornali di opinione diventano giornali di informazione, che privilegiano le notizie, cercando a volte di far colpo sulla gente, e mettono in secondo piano le questioni politiche di fondo e i dibattiti culturali.

Nel XIX secolo si assiste anche al crollo dei prezzi dei libri e dei giornali: con una piccola spesa si può acquistare l'ultima opera di Charles Dickens o di George Sand o di Mark Twain e con pochi soldi si porta a casa il quotidiano. I prezzi crollano per varie ragioni. La domanda cresce e si vende di più. I costi di produzione si abbattono, sia perché si realizzano prodotti economici, come i tascabili, sia perché gli sviluppi tecnologici creano le condizioni per produrre spendendo meno. Ad esempio, si dispone di macchine da stampa più veloci e automatizzate, che fanno risparmiare tempo e lavoro del personale. Nella seconda metà del XIX secolo la carta non viene più prodotta dagli stracci, ma dalla pasta di legno e costa meno.

Sul crollo del prezzo dei giornali ha influito in modo decisivo la pubblicità. Le aziende, interessate a indurre i consumi e a promuovere i prodotti, sanno che con i giornali raggiungono larghi strati della popolazione e pagano per avere spazi pubblicitari. Il denaro dei lettori in linea di massima va a coprire le spese: i giornali traggono l'utile dalla pubblicità.

La stampa di massa è stata possibile anche grazie al fatto che si sono trovate soluzioni di compromesso sulle politiche culturali. I governi, i gruppi di potere e le élite con l'avvento delle democrazie non hanno smesso di cercare di controllare la tradizione e la diffusione del sapere. Tuttavia le parti, cioè gli operatori dell'editoria stampata (editori, autori, giornalisti, ecc.) da un lato e i vertici della società dall'altro, hanno trovato via via soluzioni di compromesso, che hanno consentito di evitare lo scontro aperto e di salvare il nuovo fenomeno dell'industria culturale, di grande peso economico oltre che sociale. A forza di negoziare con i vertici e trovare compromessi, gli operatori dell'editoria sono diventati anche una forza sociale importante e riconosciuta. Si è creato così un nuovo assetto della società, che contempla anche le istituzioni editoriali con una propria legittimità, un proprio spazio, un proprio potere e con rapporti stabili con le altre istituzioni.

Dalla censura alle forme democratiche di controllo

Nelle democrazie costituzionali del XIX e XX secolo la censura è scomparsa. La ritroviamo solo nei regimi totalitari o autoritari, comunisti, nazisti e fascisti. I governi, i gruppi di potere e le élite hanno però continuato a cercare di controllare la stampa. Lo hanno fatto in forme diverse, più consone al nuovo spirito democratico. Si è messo l'accento più sulle responsabilità etiche che sulla conservazione del potere. Anche la censura tradizionale faceva appello all'etica. Ad esempio, la censura dell'*ancien régime* in Francia aveva tra gli scopi ufficiali, nell'ordine, difendere la religione, la monarchia e i buoni costumi. I nuovi governi, democratici e laici, lasciano cadere i primi due obiettivi e legittimano le azioni nei riguardi della stampa solo facendo appello all'interesse pubblico e al bene dei cittadini.

Le modalità di controllo poi sono diventate meno drastiche e aggressive. Ad esempio, anziché vietare la pubblicazione di determinati libri, si è cercato di promuovere la lettura di quelli giudicati migliori, attraverso campagne di propaganda, istituendo biblioteche circolanti, biblioteche di fabbrica, cittadine, dando contributi ad associazioni di lettori e a editori. In queste azioni i governi non sono

continua ▶▶▶

soli, ma affiancati da varie associazioni, tra le quali spiccano quelle, nate sin dai primi decenni del XIX secolo, che mirano a evitare che gli operai impieghino male il tempo libero e vadano incontro al disfacimento morale. Il controllo democratico si esercita anche con le pressioni sui giornali e sui giornalisti, che sfociano nei codici di autoregolamentazione.

La società dell'informazione

Negli ultimi decenni si è verificata una nuova esplosione tecnologica, caratterizzata dalla diffusione massiccia dei nuovi media, basati sull'informatica. Perciò si parla di *information society*, per indicare il contesto di tecnologia della comunicazione e di conseguenza sociale e culturale in cui viviamo.

Delle nuove tecnologie la più significativa, quella che più delle altre contribuisce a creare la società dell'informazione, è senz'altro la telematica, che solitamente identifichiamo con "la rete", con Internet. La parola 'telematica' deriva dalla fusione di 'telecomunicazione' e 'informatica' e la tecnologia a cui si riferisce è proprio il risultato dell'integrazione dei mezzi informatici con le telecomunicazioni. Nella tradizione anglofona si preferisce usare l'espressione estesa *information communication technology* (tecnologia dell'informazione e della comunicazione), abbreviata ICT, che egualmente suggerisce la combinazione dell'informatica con una tecnologia della comunicazione.

L'integrazione di informatica e telecomunicazioni comincia negli anni '60, negli Stati Uniti, con Arpa Net, il primo sistema che consentiva di collegare tra loro computer. Inizialmente le connessioni sono a ruota, con un calcolatore centrale potente al quale si può accedere da diversi terminali periferici. In breve tempo però si passa ai veri e propri network, ai collegamenti a rete in cui calcolatori di diversa potenza dialogano tra loro.

Negli anni '80 la telematica fa un balzo in avanti. I PC, i personal computer, ormai a basso costo e facili da usare, si diffondono nei luoghi di lavoro e nelle case. Le compagnie telefoniche, vista la diffusione dei PC e considerato anche che la telefonia tradizionale non ha quasi più margini di espansione, investono per rinnovare gli impianti e per consentire i collegamenti informatici.

Dalla ricerca arrivano due importanti innovazioni: l'aumento della larghezza di banda, cioè della quantità di informazione che i canali possono convogliare, dovuto a nuovi mezzi, come i cavi a fibre ottiche, e la digitalizzazione delle trasmissioni, cioè la possibilità di trasmettere i dati in formato digitale, nei codici dell'informatica. Grazie alla maggiore larghezza di banda si possono far viaggiare grandi quantità di informazioni in tempi brevi e a basso costo. Diviene possibile trasferire da un computer all'altro un file pesante (dalla costruzione complessa, con immagini a colori e ad alta risoluzione, ecc.) o far arrivare da un centro di distribuzione un intero film. La digitalizzazione delle trasmissioni permette di inviare assieme, mescolati, tipi di messaggi diversi: voce, musiche, immagini, testi scritti, filmati, ecc. Si sfrutta la trasducibilità, perché i diversi messaggi vengono convertiti tutti in formato digitale e poi riconvertiti nei formati originali all'arrivo.

Negli anni '90 inizia la grande diffusione di Internet. L'Internet Society, proprietaria di Arpa Net, decide di aprire la rete agli scambi commerciali, cioè di consentire alle aziende di utilizzarla per proporre i loro prodotti e conseguentemente di incentivare l'accesso del grosso pubblico. La facilità d'uso del sistema e il basso costo, legato anche al fatto che per il gran numero di strutture di accesso (gli *Internet Service Providers*) distribuite sul territorio, ci si può connettere a nodi vicini della rete, fanno sì che l'iniziativa dell'Internet Society abbia grande successo, anche fuori degli Stati Uniti. D'altra parte i governi vedono di buon occhio lo sviluppo della telematica e lo favoriscono, perché sperano che possa rilanciare l'economia capitalistica, in difficoltà per la saturazione dei mercati e per la crescente disoccupazione, e che aiuti a superare la crisi dei sistemi democratici stimolando la gente a partecipare di più alla vita politica.

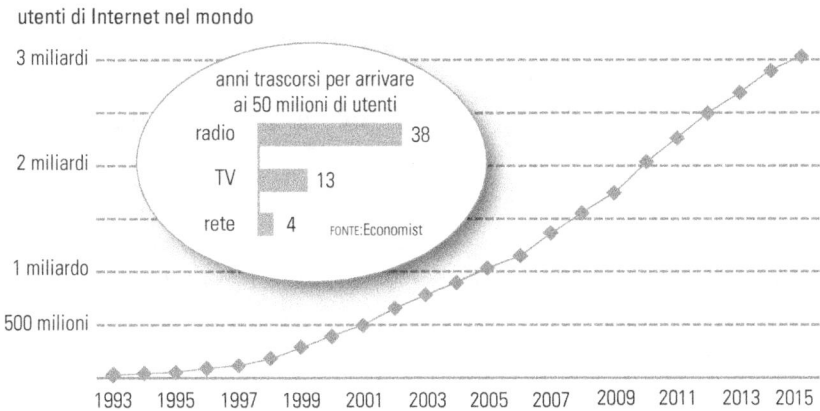

utenti di Internet nel mondo

anni trascorsi per arrivare
ai 50 milioni di utenti

radio 38

TV 13

rete 4 FONTE:Economist

La diffusione senza precedenti di Internet

La diffusione di Internet è rapida ed esponenziale. È decisamente più rapida di quella dei media della prima esplosione tecnologica, come la radio o la televisione. Dopo 10 anni gli utenti di Internet nel mondo sono intorno a 500 milioni e dopo poco più di altri 10 se ne contano più di 3 miliardi. La telematica mostra di avere tempi di espansione senza precedenti.

La diffusione di Internet nel mondo è però diseguale (vedi pagina 61). In Africa meno del 30% della popolazione accede a Internet, mentre in Nordamerica vi ha accesso quasi il 90% della gente e in Australia e in Europa circa il 70%.

Nuove attività portate da Internet

Che cosa fa la gente con Internet? Quali attività si sono sviluppate con l'arrivo della rete? La nostra vita è significativamente cambiata, perché molti di noi hanno cominciato a fare cose che prima non facevano e che ora impegnano parte delle loro giornate. Passiamo in rassegna le attività che forse maggiormente contribuiscono ai cambiamenti di oggi.

Posta elettronica. È una delle principali attività online, che in buona parte ha sostituito la posta tradizionale e ha ampliato gli scambi a distanza, con le e-mail e la messaggistica (vedi pagina 59).

E-commerce. La compravendita online di beni e servizi è un'attività economicamente trainante. Può essere *business-to-consumer*, abbreviato con l'acronimo B2C, se è un'azienda a vendere ai consumatori, oppure *business-to-business*, B2B, se la compravendita è tra aziende. Nell'e-commerce ha trovato spazio anche il commercio C2C, *consumer-to-consumer*, di cui eBay è la più nota piattaforma online.

I primi tentativi di realizzare un e-commerce risalgono alla fine degli anni '70, quando non c'era ancora Internet, ad opera dell'inglese Michael Aldrich, che si serviva di videotex, un sistema di trasmissione d'informazioni a distanza con il televisore e il telefono. L'e-commerce nasce poi con l'avvento di Internet e grazie al fatto che nel 1994 vengono sviluppati sistemi di sicurezza che consentono di tenere criptati i dati nelle transazioni economiche. Lo stesso anno nascono negli Stati Uniti i primi negozi online, Internet Shopping Network e Net Market.

Nel 1995, sempre negli Stati Uniti, prendono il via due delle più grandi piattaforme mondiali di commercio online: Amazon e eBay. Entrambe sono il risultato di startup avviate su iniziativa di giovani esperti di informatica e ingegneria elettronica, Jeff Bezos e Pierre Omidyar. Il primo comincia a vendere libri, facili da consegnare, tenendo il magazzino in garage. Omidyar pensa invece di dar vita ad aste online di oggetti da collezione. Negli anni successivi gli operatori dell'e-commerce si moltiplicano, fino al punto che vendere online diventa parte dell'attività di molte aziende che producono e vendono beni e servizi. Col nuovo secolo si affermano altri due colossi del commercio online, questa volta orientali, Rakuten (giapponese) e Alibaba (cinese).

Attualmente i volume di affari del *business-to-consumer* nel mondo si attesta intorno a 1.500 miliardi di dollari, di cui un 20% circa negli Stati Uniti. L'Europa viene dopo, nonostante la crescita recente. In sé questi volumi sono alti, specie se consideriamo che ci si è arrivati in tempi relativamente brevi. Rappresentano però appena l'1-3% degli acquisti nel mondo. Il grosso delle compravendite non avviene online. Anche in paesi come gli Stati Uniti e il Giappone, dove l'e-commerce è penetrato significativamente, è una quota minore delle compravendite, meno del 15%.

Il punto è che l'e-commerce accanto a indubbi vantaggi, presenta ostacoli da superare. È vantaggioso soprattutto perché chi acquista guadagna tempo e ha modo di confrontare i prezzi e perché chi vende non deve passare per intermediari e ha meno spese. Ci sono però svantaggi o per lo meno problemi da risolvere per entrambe le parti.

Gli acquirenti devono fidarsi del venditore, dato che non possono controllare la merce prima e possono nascere problemi nel trasporto e nella consegna. A volte sono preoccupati per i rischi, che persistono nonostante i sistemi di sicurezza informatici. Haker o personale del venditore possono impadronirsi del numero di carta o dei dati personali, facendo un furto d'identità. Di solito chi fa un furto d'identità usa quei dati per effettuare un acquisto a rate o accedere a un prestito, senza poi pagare le rate o restituire le somme ricevute.

I venditori devono essere ben organizzati per interagire a distanza con gli acquirenti. Solo così possono renderli soddisfatti come farebbero in presenza in un negozio tradizionale. La concorrenza online è poi di dimensioni impressionanti e richiede abilità di marketing diverse da quelle del commercio tradizionale. I venditori devono anche vedersela con un problema sociale, in quanto l'eliminazione d'intermediari sconttenta e preoccupa gli operatori dei sistemi tradizionali di vendita (agenti di commercio, librai, operatori di agenzie di viaggi, centri commerciali, ecc.), che vedono il loro lavoro minacciato o in crisi.

Home banking. La banca da casa o online banking o virtual banking o telebanca, offre la possibilità di effettuare operazioni bancarie senza recarsi agli sportelli. I primi tentativi sono stati fatti nel 1981 a New York, utilizzando videotex, come per l'e-commerce. È però dalla metà degli anni '90 che l'home banking ha cominciato a diffondersi nel mondo a partire dagli Stati Uniti. Oggi si stima che nel mondo oltre mezzo miliardo di persone, circa 1/4 degli utenti di Internet si serva della telebanca. La maggiore penetrazione è in Nordamerica, in Europa, Giappone, Australia. Sono nate banche che operano solo online, abbattendo così i costi.

Anche qui gli evidenti vantaggi vanno di pari passo con ostacoli da superare. Nonostante i sistemi di sicurezza sempre più sofisticati, i codici personali, le password, le chiavi e gli altri sistemi di produzione di password, e nonostante le precauzioni che le banche raccomandano di adottare, qualche preoccupazione resta. Del resto gli haker sviluppano modalità più avanzate via via che i sistemi di sicurezza si perfezionano. Come le aziende che operano nell'e-commerce, le banche devono attrezzarsi per assistere i clienti alle prese con i problemi dell'online, pratici e psicologici. Devono anche gestire il problema sociale, che hanno anche al loro interno, dato che il lavoro dei dipendenti va riconfigurato.

I siti web. Il primo sito web è stato realizzato nel 1991 da Timothy Bernes-Lee, ricercatore del CERN (Consiglio Europeo per la Ricerca Nucleare), vicino a Ginevra. L'obiettivo era favorire la ricerca scientifica grazie a una gestione più efficace delle informazioni.

Già qualche anno prima, assieme al collega Robert Cailliau, Bernes-Lee aveva ideato il World Wide Web, che comunemente chiamiamo web e abbreviamo www. L'idea di fondo era disporre di testi che assieme formassero un ipertesto, cioè non slegati, ma collegati da nessi attivabili con parole chiave. Così la ricerca delle informazioni utili quando si stava studiando qualcosa diveniva rapida e agevole. Prontamente si potevano tirar fuori tutti i dati scientifici pertinenti e scambiarli con i colleghi.

Poco dopo, nel 1993, il web venne messo a disposizione del pubblico e cominciò la diffusa produzione di siti Internet. Dieci anni dopo c'erano già quasi trenta milioni di siti e attualmente siamo a circa un miliardo.

L'incremento dei siti è stato favorito dal fatto che sono state nate piattaforme che consentono di realizzare siti con facilità e sono fruibili in rete gratuitamente o a basso costo, come Wix o Wordpress o SiteBuilder o Sitey. Così negli ultimi anni non è necessario ricorrere a informatici per realizzare siti, anche di livello professionale. Servono più che altro abilità di comunicazione.

Ci sono siti di tanti tipi: commerciali, di aziende ma tesi a presentare l'azienda anziché a vendere, di governi, enti pubblici, di organizzazioni non-profit, associazioni, di giornali e riviste, personali, che spesso sono di personaggi famosi, di università, scuole, ecc. Ci sono anche siti di *phisihing*, fatti per carpire informazioni sensibili (dati anagrafici, carta di credito, password) in modo fraudolento, imitando un altro sito, ad esempio di una banca o di una piattaforma di e-commerce.

I siti sono fatti di pagine - con testi, immagini, filmati - collegate tra loro e di solito con collegamenti ad altri siti. Il frequentatore ci arriva attraverso un indirizzo (l'URL) e grazie ai link può navigare tra le pagine del sito e scivolare anche in altri siti. Molti siti sono statici, presentano contenuti predefiniti. Ve ne sono anche di dinamici, che cambiano i contenuti in tempo reale in ragione delle interazioni con gli utenti. Ad esempio, un sito dinamico può indirizzarci a seconda della navigazione che abbiamo fatto fino a quel momento o farci vedere in tempo reale un dialogo che si sta svolgendo tra utenti.

I blog. Sono siti realizzati da persone o da gruppi accomunati da qualche interesse, che hanno una struttura cronologica, sono formati da post, una sorta di articoli, pubblicati in successione. Sono una specie di diari online, come ricorda il nome. Nel 1997 uno dei primi blogger, Jorn Barger, coniò l'espressione *"web log"* (diario web), che poi, contratta, divenne *"blog"*. Del resto i primi blogger degli anni'90 si chiamavano a volte *"diaristi"*.

Anche se una stima precisa è difficile, oggi nel mondo i blog sono nell'ordine di 100-200 milioni. Negli anni'90 erano pochi e considerati un fenomeno marginale. Intorno al 2000 hanno cominciato ad attrarre l'attenzione, anche perché hanno mostrato un risvolto di tipo giornalistico, con un impatto sulla circolazione di informazioni e la pubblica opinione. Emblematico l'episodio delle dimissioni del senatore statunitense Chester Trent Lott, a seguito di dichiarazioni compromettenti di cui i giornali non avevano in un primo tempo parlato, ma riportate da blogger. I blog andavano a inserirsi nell'alleanza tra giornalisti e potenti della politica, sfruttando la libertà di espressione in rete.

Oggi in rete si trovano molti tipi di blog, da quelli dei politici a quelli dei giornalisti, di personaggi famosi, a quelli di malati di certe malattie o su temi di attualità o altro ancora. Un motore di ricerca Technorati ne facilita la ricerca. I testi sono più o meno curati o scritti di getto a seconda dei casi. Anche il registro può essere diverso, da quello spontaneo e personale a quello più strutturato o intellettuale. Un archivio di solito consente di andare a vedere i post precedenti e ricostruire lo sviluppo cronologico del blog. In alcuni i lettori possono intervenire con commenti e il blog somiglia a un forum.

I forum. In rete si può partecipare a dibattiti organizzati su specifici temi. Tutti gli interessati possono intervenire, dando vita a una grande tavola rotonda virtuale. È tipico dei forum il fatto che partecipino numerose persone di diversa estrazione sociale e culturale (a differenza dei convegni tradizionali caratterizzati dall'omogeneità dei partecipanti) e che si possa tenere l'anonimato, nascondendo gli uni agli altri il proprio status sociale, adoperando nomi di fantasia o anche fingendo di essere quel che non si è.

I social media. Comunemente sono chiamati anche social network, espressione che però tecnicamente lascia a desiderare, in quanto reti sociali esistono a prescindere dai media. Il primo social network online, Six Degrees, è stato fondato a New York nel 1997. Il nome, preso da una commedia di John Guare, richiamava l'idea che bastano pochi intermediari per arrivare a entrare in contatto con qualcuno. La commedia aveva reso popolare quest'idea, che la ricerca scientifica sulle reti sociali, in particolare col lavoro di Stanley Milgram, aveva messo in evidenza ben prima che nascessero i social media.

Nei primi anni 2000 si affacciano i social media oggi più diffusi: Linkedin, Facebook, Youtube, Twitter. Linkedin è essenzialmente per professionisti. Su Facebook le persone gestiscono pagine che somigliano a blog. Youtube è pensato per scambiarsi filmati e Twitter per scambi di messaggistica veloce. Ci sono anche social media con intenti più mirati. Ad esempio, SlideShare è impostato per la condivisione di slide in pdf o powerpoint da usare a fini formativi, didattici o di comunicazione aziendale. A volte si considerano social media anche Wikipedia, l'enciclopedia prodotta dagli stessi utenti, o i blog, a testimoniare che i confini del concetto di social media sono sfumati.

Nel mondo attualmente ci sono più di un miliardo e mezzo di utenti di social media, che rappresentano circa 1/4 della popolazione mondiale. Nei paesi a maggiore penetrazione, come gli Stati Uniti, gli utenti dei social media sono più del 60% della popolazione.

Ci sono caratteristiche dei social media che si notano a prima vista. Tutti pubblicano contenuti con facilità e diventano in qualche modo autori ed editori. I contenuti pubblicati possono restare misconosciuti o avere ampia diffusione nella rete dei contatti e divenire, come si dice, virali. Più che con altri media, la comunicazione tende a essere interattiva, nel senso che c'è reversibilità e reciprocità, ci si mandano feedback e a turno ciascuno fa la parte dell'emittente e del ricevente. Si argomenta, si fanno pressioni persuasive sugli interlocutori e ultimamente si cerca il consenso. C'è poi una certa pressione a essere aperti, a dire quel che si pensa e a presentarsi per come si è o per lo meno a mettersi in gioco.

L'accesso alle informazioni e al sapere. Il web consente di accedere a una mole impressionante di informazioni, reperibili agevolmente grazie alla logica dell'ipertesto. Ci sono informazioni su qualsiasi argomento e di ogni tipo, da quelle commerciali alle stradali, geografiche, statistiche, artistiche, letterarie, tecnico-scientifiche, ecc. Le informazioni che rientrano nel sapere ora sono di fonti qualificate, ora di fonti non qualificate. L'utente abile può comunque facilmente distinguere. Così per chi è interessato al sapere scientifico appositi motori di ricerca consentono di consultare rapidamente un gran numero di libri e articoli su uno specifico argomento.

C'è un evidente vantaggio per la diffusione del sapere. È motivo di preoccupazione però il fatto che i non esperti rischiano di confondere informazioni affidabili e non affidabili e precipitare in esperienze come quella di Menocchio, elevate all'ennesima potenza dalla funzionalità del web (vedi pagina 68). C'è anche una certa preoccupazione e un disorientamento degli operatori dell'editoria, che vedono trasformarsi la realtà socio-economica in cui l'attività editoriale si è tradizionalmente affermata.

I servizi di pubblica utilità. Ne sono esempi la teleburocrazia, in cui gli uffici danno informazioni e svolgono pratiche in rete, la teledidattica o e-learning, l'insegnamento a distanza (lezioni, discussioni, verifiche, ecc.) reso possibile dal fatto che docenti e allievi si collegano in rete, la telemedicina, con la quale si possono prenotare visite, accertamenti, ricoveri, ma anche leggere esami (radiologici, elettrocardiografici, ecc.), fare diagnosi e dare pareri a distanza, cosa utile specie nei casi in cui occorrono competenze altamente specialistiche che sono concentrate in grandi centri.

Un'applicazione promettente dei nuovi media alla medicina è il loro impiego nell'empowerment dei pazienti. Oggi sappiamo che chi è affetto da certe malattie, specie quelle croniche, come il diabete o l'AIDS o le cardiopatie o il cancro, trae beneficio dal fatto di ricevere informazioni sulla sua condizione e di essere responsabilizzato. Siti Internet, blog e anche social media, adoperati adeguatamente da strutture sanitarie, possono dare buoni risultati nell'empowerment (van Uden-Kraan et al. 2009; Lober e Fowers 2011).

Il telelavoro. Grazie alle nuove tecnologie della comunicazione, ci sono attività che il lavoratore può svolgere lontano dall'azienda o dall'organizzazione per cui lavora. Può stare a casa propria (*home telework* = telelavoro domestico) o viaggiare e operare dall'albergo o dall'ufficio di un cliente (*mobile telework* =

telelavoro itinerante) o più semplicemente starsene in una sede distaccata (*telework center* = centro di telelavoro), ad esempio lontano dal contatto col pubblico.

Sono interessati al telelavoro soprattutto gli intellettuali, che trovano la concentrazione in solitudine, le persone impegnate a gestire la casa e ad assistere figli e famigliari, i lavoratori autonomi, che risparmiano in locali e spostamenti e le aziende, che possono evitare di attrezzare e tenere spazi appositi per ospitare i lavoratori o hanno interesse a delocalizzare le attività in altri paesi. In passato i sindacati, soprattutto quelli europei, si sono opposti al telelavoro, sostenendo che il lavoratore è più isolato, per cui ha meno occasioni di scambio con i colleghi e di crescita professionale, e che tende a lavorare di più, cosa che porta a superare soglie accettabili di affaticamento e a favorire lo sfruttamento. In questa opposizione può aver giocato la preoccupazione di salvaguardare il senso di appartenenza alla classe lavoratrice. Lavorare nello stesso luogo significa anche sviluppare quel tipico senso di solidarietà tra lavoratori, che oggi per varie ragioni, tra le quali il telelavoro, si va perdendo.

Media benefici o malefici?

Lo sviluppo delle comunicazioni è un bene o un male? Ci fa stare meglio o peggio? Questo interrogativo di fondo può essere declinato in parecchie domande.

Grazie ai media abbiamo più conoscenza o meno conoscenza? Capiamo realmente come stanno le cose o siamo sovraccarichi di informazioni superficiali che ci danno l'illusione di sapere, mentre in realtà siamo disorientati? E le nostre abilità mentali? Migliorano? Siamo più intelligenti? O peggiorano?

I media ci fanno partecipare maggiormente alla vita politica? Rendono il governo più democratico? Consentono al popolo di far sentire la propria voce? Alla gente di confrontarsi sui problemi collettivi e fornire suggerimenti a chi governa? O la maggiore partecipazione democratica è un'illusione? O i governanti decidono comunque per conto proprio e magari strumentalizzano i media, li usano per manipolare la gente?

Abbiamo più spazio per l'individualità, la soggettività, la creatività di ciascuno di noi? I media ci permettono di ritrovare noi stessi guadagnando tempo, lavorando e facendo tante cose da casa, espandendo le nostre conoscenze? Oppure è il contrario? Occupano le nostre vite, ci rubano tempo e risorse, ci rendono più facilmente controllabili dalle istituzioni o dalle grandi realtà economiche?

E i rapporti con gli altri? Siamo meno isolati? Condividiamo di più? Siamo più spontanei, aperti, trasparenti? Abbiamo più considerazione e rispetto l'uno per l'altro? Viviamo meglio la dimensione sociale della nostra vita? Oppure siamo più in stress sociale? Viviamo più conflitti e tensioni? Ci illudiamo di uscire dall'isolamento quando invece stiamo solo invadendo irriguardosamente l'uno lo spazio dell'altro?

E che dire dell'istruzione? Con l'uso dei media migliora? O peggiora? E delle differenze tra le persone? I media portano verso una maggiore uguaglianza o sono agenti di disuguaglianza?

Potremmo continuare con le domande, ma il punto fondamentale, la cosa che vale per tutte, è che non ci sono risposte univoche. I media hanno lati positivi e negativi, luci e ombre, portano vantaggi e svantaggi, da una parte migliorano la nostra vita, dall'altra ce la peggiorano o ci mettono in difficoltà.

In questo non c'è nulla di cui meravigliarsi. Quando studiamo seriamente la nostra vita, scopriamo che ogni cosa è così, è bifronte, come Giano. Vale a livello micro, di piccole esperienze, come a livello macro, di grandi fenomeni storico-sociali. Ad esempio, una comunicazione che funziona è utile. Tuttavia, come la ricerca sui malfunzionamenti della comunicazione ha chiarito, è utile anche una comunicazione che non funziona e una comunicazione che funziona troppo diventa un problema. Così l'ideale è il giusto equilibrio, definibile solo caso per caso, tra l'opacità e la trasparenza della comunicazione. Lo stesso vale se prendiamo grandi trasformazioni storico-sociali come la rivoluzione neolitica, la modernizzazione o la globalizzazione. Sono paradossali, piene di aspetti contraddittori, al tempo stesso positivi e critici.

Lungo la storia delle due esplosioni tecnologiche, dall'inizio del XIX secolo a oggi, c'è stato chi ha giudicato negativamente i media, fino a condannarli, e chi al contrario li ha visti positivamente, con ottimismo e persino con grande entusiasmo. Le due posizioni non si ritrovano solo in opinionisti o ideologi, ma anche in studiosi e studiosi di rilievo. Sono comunque errate.

Sono errate all'origine, perché non tengono conto del fatto che lati positivi e negativi abitualmente coesistono. Andando poi ad analizzare le convinzioni espresse da accusatori e difensori dei media, scopriamo che a volte rispondono al vero e a volte sono false. In effetti la ricerca scientifica che in questi anni si è accumulata ora ha smentito certe idee, ora ha fornito prove a loro sostegno. Questo a prescindere dal fatto che fossero idee pro o contro i media.

La teoria della cultura di massa

Nel XIX secolo, quando si sono diffusi stampa di massa e giornali, è nata la teoria della cultura di massa, secondo la quale questi mezzi di comunicazione stavano producendo un rovinoso livellamento culturale in basso. In quel periodo le masse erano emerse come nuovo soggetto storico-sociale: si era capito che molte persone possono muoversi all'unisono per il solo fatto che sono collegate e stimolate da mezzi di comunicazione. Erano in molti a guardare con sospetto alle masse, considerate facilmente manipolabili e tendenzialmente non intelligenti. Come le masse protagoniste di disordini e rivoluzioni, quelle che facevano da pubblico dell'editoria agli occhi degli intellettuali d'élite testimoniavano che era in atto una degenerazione.

Nella prima metà dell'Ottocento il sociologo francese Alexis de Tocqueville, nella sua analisi comparativa di Francia (ancora aristocratica) e Stati Uniti (democratici), tra i lati peggiori della società egualitaria americana, di cui apprezza molte cose, annovera lo scadimento della cultura. Per lui il fenomeno, almeno in parte, era dovuto ai libri e ai giornali, letti avidamente, non solo per cercare svago, ma anche perché vita pratica e rapporti commerciali imponevano di tenersi informati. Tocqueville nota che la stampa era un'industria culturale, che alla qualità anteponeva le vendite.

La massa sempre crescente dei lettori e il bisogno continuo che hanno del nuovo, assicurano lo smercio di un libro che magari non è da essi stimato [...] Le letterature democratiche forniscono sempre di questi autori che non vedono nelle lettere che un'industria e, per un grande scrittore che è dato incontrarvi, si contano a migliaia gli spacciatori di idee.

D'altra parte i gusti del pubblico erano tali da spingere l'editoria a tenersi a livelli bassi.

... uomini di questo stampo non possono mai acquisire una conoscenza tanto profonda dell'arte letteraria da coglierne le delicatezze, non sono fatti per le sfumature: hanno solo pochissimo tempo da dedicare alle lettere, e lo vogliono mettere a frutto. A loro piacciono i libri che ci si procura senza fatica, che si leggono in fretta e che non hanno bisogno di ricerche dotte per essere capiti. Chiedono un tipo di bellezza facile che non abbia bisogno di essere conquistata e di cui si possa godere lì per lì: hanno bisogno soprattutto dell'inatteso e del nuovo.

Ancora più critico è il giudizio del filosofo tedesco Friedrich Nietzsche. Per Nietzsche i giornali erano in parte responsabili della «nuova barbarie». A suo avviso, rendevano meno intelligenti, fuorviavano e facevano perdere il senso storico.

Se si considera – scrive in Umano, troppo umano, del 1878 – come ancora oggi tutti i grandi eventi politici si insinuino in scena segretamente e velati, come vengano nascosti da avvenimenti insignificanti e appaiano piccoli in loro vicinanza, come solo molto tempo dopo il loro prodursi mostrino i loro profondi influssi e facciano tremare il suolo: quale importanza si può allora annettere alla stampa, qual essa è oggi, col suo giornaliero dispendio di polmoni, per gridare, per assordare, per eccitare e per spaventare – è essa più del cieco chiasso permanente, che svia le orecchie e i sensi in una falsa direzione?

Più tardi, nella prima metà del Novecento, il filosofo spagnolo Ortega y Gasset riprese la tesi del livellamento in basso e con

Ortega y Gasset (a sinistra) commenta una rivista illustrata

acume sostenne che i giornali gettavano i lettori in uno stato confusionale. Bombardati da informazioni, privi delle necessarie conoscenze, a suo avviso, non riuscivano a orientarsi nel mondo. Così l'uomo della cultura di massa finiva per avere comportamenti contraddittori e paradossali, come desiderare certi beni e scagliarsi contro il sistema economico che li produce. Le masse, dice Ortega y Gasset, si trovano in «un assurdo stato d'animo: non sono preoccupate se non del benessere e, nello stesso tempo, non si sentono solidali con le cause di questo benessere».

I sociologi Marx Horkheimer e Theodor Adorno, esponenti della Scuola di Francoforte, criticano sulla scia di Karl Marx la società capitalistica. In particolare vedono nell'industria culturale, cioè nella produzione e commercializzazione su larga scala di romanzi, musiche, film, trasmissioni radio-televisive, un modo in cui le persone vengono private di senso critico e gusto artistico in nome di un interesse economico.

Horkheimer e Adorno, pur partendo da premesse marxiste, finiscono per riprendere l'idea di Tocqueville che i media sono un'industria culturale, che risponde alle esigenze economiche di vendere i prodotti presso il largo pubblico. Perciò c'è standardizzazione della produzione, che viene fatta in serie, secondo cliché collaudati. Prevale anche la tendenza a realizzare prodotti di immediata comprensione, che non richiedano impegno mentale. Il risultato e l'istupidimento della gente, che non esercita il pensiero, ma si perde nel divertimento programmato. Rendere stupidi, secondo Horkheimer e Adorno, è un modo sottile di controllare le persone, tipico delle società moderne, dove le masse non vengono più asservite con la forza, ma distruggendo alla radice soggettività e capacità critica. Adorno nel 1954 a proposito della televisione scrive:

Ciò si allinea al sospetto largamente condiviso, anche se è difficile confermarlo con dati esatti, che la maggioranza degli spettacoli televisivi oggi punti alla produzione, o almeno alla riproduzione, di molta mediocrità, di inerzia intellettuale e di credulità, che sembrano andar bene con i credi totalitari, anche se l'esplicito messaggio superficiale degli spettacoli può essere antitotalitario.

Le idee di Tocqueville, Nietzsche, Ortega y Gasset, Horkheimer e Adorno sono stimolanti e meritano attenta riflessione. Hanno però il difetto di costruire teorie sistematiche tese a condannare i media. La realtà invece è sfaccettata.

Le ricerche empiriche hanno confermato alcune loro convinzioni, ma ne hanno smentite altre, mostrando un quadro più complesso e a volte sorprendente. Ad esempio, l'idea che i media livellino in basso la cultura è contraddetta da numerose ricerche empiriche, dalle quali risulta che causano *knowledge gap*. Salvo casi particolari, accentuano le differenze tra persone sempre meglio informate, orientate nel mondo e capaci di analizzare intelligentemente ciò che accade e altre sempre più tagliate fuori dall'informazione e dalla consapevolezza critica e intelligente. Si direbbero piuttosto agenti di disuguaglianza intellettuale.

Per fare un altro esempio, le ricerche empiriche sembrano dar ragione a Nietzsche quando sostiene che i media fanno perdere il senso storico. La dilatazione del presente, l'impressione di vivere in un'attualità dominante, senza rendersi conto di come siamo arrivati lì e di quali trasformazioni stanno avvenendo, è qualcosa di piuttosto ben documentato e in parte riconducibile all'effetto dei media. È divertente notare come gli stessi dibattiti ideologici sui media testimonino la dilatazione del presente. Le persone discutono di media e democrazia mostrando di non sapere che cos'è effettivamente la democrazia, com'è nata e perché, come se parlassero di un assoluto concetto astorico.

L'utopia della comunicazione

Di segno opposto sono le idee di chi esalta i media. Il sociologo francese Philippe Breton ha il merito di aver richiamato l'attenzione sul fatto che nel mondo attuale è diffusa un'ideologia che, con enfasi, spinge a considerare la comunicazione un valore fondamentale, un bene primario per l'umanità. Breton parla di utopia della comunicazione, perché si tratta di un'ideologia che idealizza la comunicazione e ripone in essa speranze eccessive e talora infondate.

Ogni volta che nella storia sono comparsi e si sono diffusi media, fin dalla scrittura, sono nate ideologie tese a sostenerli o a metterli in discussione. L'utopia della comunicazione è però un'ideologia di sostegno particolare, perché esalta in generale la comunicazione e i media e perché è radicale: riconsidera l'intera realtà umana partendo dal presupposto che il perno è la comunicazione.

Le premesse dell'utopia della comunicazione si trovano già nel XVIII secolo, nelle concezioni illuministe, che facevano affidamento sulla libertà di pensiero e sulla circolazione di idee e immaginavano la storia umana come un cammino di continuo e irresistibile progresso. È però agli inizi del XX secolo, quando già la prima esplosione tecnologica si era manifestata chiaramente, che l'ideologia della comunicazione comincia a delinearsi. Si fa strada l'idea che l'uomo non vive in un mondo di pensiero, ma di comunicazione. La natura stessa dell'individuo è comunicativa. Ciascuno di noi – si dice – è determinato dal complesso delle informazioni che scambia con gli altri e con l'ambiente. L'uomo, specialmente l'uomo moderno, è un *homo communicans*. Si tratta di una rivoluzione, perché fino ad allora la tradizione filosofica, soprattutto quella moderna da Cartesio in poi, aveva messo al centro la mente e aveva considerato l'uomo un essere mentale.

In Europa la nuova visione si affaccia all'interno della linguistica e in minor misura della psicologia. Negli Stati Uniti viene sostenuta dagli esponenti del pragmatismo, corrente filosofica che sottolinea il senso pratico, strumentale, del sapere, e dagli esponenti dell'interazionismo simbolico, corrente sociologica, che insiste sul fatto che l'uomo vive in un mondo di simboli creato dalla comunicazione. Sono proprio gli interazionisti simbolici a elaborare una delle tesi ancora oggi più in voga presso i fautori dei media: che questi favoriscano la partecipazione democratica e lo sviluppo dell'intelligenza individuale.

Il sociologo Charles Horton Cooley, esponente di spicco dell'interazionismo simbolico, contesta le critiche dei teorici della cultura di massa. Rifacendosi a Tocqueville, mette in discussione la tesi del livellamento in basso. A suo avviso, le condizioni moderne di comunicazione non soffocano le capacità individuali, ma favoriscono un nuovo tipo di individualità, fondato sul confronto, anziché sull'isolamento. La libera circolazione di idee, lungi dal produrre l'uniformità, dovrebbe far emergere le diversità. Cooley ne è convinto, perché confida nella predisposizione naturale al senso dell'unicità, in «quel forte istinto per cui gli uomini provano piacere nel distinguersi e detestano scomparire nella folla».

Intorno alla seconda guerra mondiale l'utopia della comunicazione fa un nuovo balzo in avanti: si consolida e si diffonde massicciamente tra la gente. Nascono nuove discipline, quali la cibernetica, la teoria dell'informazione, la teoria dei sistemi, che analizzano i processi di comunicazione e che cercano di spiegare anche il funzionamento dell'intelligenza in termini di comunicazione. Uno dei principali ispiratori dell'utopia è proprio il padre della cibernetica, Norbert Wiener. In un libro del 1950, *The human use of human beings*, espone lucidamente le idee di fondo. In quegli anni difficili, segnati dall'ascesa del nazismo, dalla guerra, dalle persecuzioni razziali, l'utopia della comunicazione si sviluppa anche perché apre spiragli per sperare in un'umanità migliore: si pensa che il rimedio per scongiurare il degrado sia una società con più comunicazione. Come dice Breton, "la comunicazione si è affermata in quanto «valore post-traumatico», ritenuto alternativo alla barbarie, al razzismo e alla società dell'esclusione".

Prende corpo sempre più la convinzione che la comunicazione possa risolvere tutti i problemi, che, se si è chiari, trasparenti e si riesce a capirsi, le cose automaticamente migliorano. Wiener sostiene che è la comunicazione a fare la democrazia e a rendere a misura d'uomo un sistema politico.

La maggior parte di noi americani – scrive in *The human use of human beings* – *preferisce vivere in una comunità sociale dai vincoli moderatamente allentati, in cui gli ostacoli alla comunicazione fra individui diversi e classi diverse non siano troppo grandi. Non dirò che questo ideale di comunicazione sia stato raggiunto negli Stati Uniti [...] Tuttavia anche questa moderata e informe democrazia appare un ordinamento troppo anarchico per coloro che hanno fatto dell'efficienza il loro primo ideale. Questi idolatri dell'efficienza preferirebbero che ogni uomo si muovesse in un'orbita sociale predisposta per lui dalla sua infanzia, e che svolgesse una funzione alla quale egli fosse vincolato come il servo feudale era legato alla gleba [...] La condizione meccanicamente regolata delle funzioni prestabilite verso la quale sono attratti è la condizione delle formiche. In una comunità di formiche ogni lavoratore svolge una particolare funzione. C'è una casta distinta di soldati. Alcuni individui altamente specializzati hanno la funzione di re e di regine. Se l'uomo dovesse scegliere come modello una comunità siffatta, egli dovrebbe vivere in uno stato fascista in cui teoricamente ogni individuo è condizionato fin dalla nascita a una particolare occupazione; in cui i governanti sono eternamente governanti, i soldati eternamente soldati, i contadini non cesseranno mai di essere contadini e l'operaio è condannato a essere sempre un operaio.*

A meno di vivere in una società di formiche, dove il ruolo di ciascuno è fisso e prestabilito - è questa la tesi di Wiener - dobbiamo lasciare che sia la comunicazione a configurare la società. Sta mettendo l'accento sul fatto che le società umane, come oggi ben sappiamo alla luce degli studi sulle società nel regno animale, sono individualizzate e culturali e perciò profondamente diverse dalle società anonime di insetti sociali. Mentre in queste la comunicazione serve semplicemente a far circolare l'informazione quel tanto che occorre a far funzionare un sistema che resta sempre lo stesso, nelle società umane la comunicazione è fondamentale, perchè costruisce continuamente la struttura sociale. Attraverso la comunicazione tutti noi possiamo contribuire a costruire la società e dobbiamo cercare di realizzare un mondo dominato dalla comunicazione, in cui questo accada.

La fiducia nella comunicazione non si manifesta solo in politica, ma un po' in tutti i campi. In etica si tende a dare importanza alle norme sociali, alle regole stabilite dalla collettività, cioè dalla gente attraverso la comunicazione e il consenso, più che ai princìpi umani fondamentali, quelli che ciascuno può cercare di scoprire per proprio conto.

In storia della scienza e in filosofia della scienza si insiste sul fatto che la ricerca è un'impresa collettiva, mettendo in secondo piano l'ingegno dei singoli, il lavoro ideativo individuale degli uomini geniali che sono arrivati alle grandi scoperte. L'opera di Thomas Kuhn, storico della scienza alla Princeton, in particolare il suo libro del 1962 *The structure of scientific revolutions,* ha contribuito in modo decisivo a creare la nuova concezione comunitaria dell'impresa scientifica.

C'è chi sostiene che anche il benessere psicologico si realizza a patto di riuscire a comunicare efficacemente con gli altri. Nella seconda metà del novecento ha avuto fortuna il gruppo di ricerca del Mental Reserch Institute in California, la nota Scuola di Palo Alto, anche grazie al successo del libro di Paul Watzlawitck e collaboratori *Pragmatic of human communication* del 1967. Watzlawick e gli altri ricercatori di Palo Alto hanno legato strettamente salute mentale e comunicazione, arrivando a sostenere che non solo problemi modesti, quali quelli di coppia, ma anche disturbi gravi, come la schizofrenia, dipendono da disfunzioni comunicative. Per star bene o per guarire la strada sarebbe far funzionare adeguatamente la comunicazione.

L'utopia della comunicazione ha ispirato anche il modo di guardare al lavoro di gruppo e alle organizzazioni produttive, specie dopo la crisi del taylorismo e la nascita del filone delle relazioni umane. Si diffonde l'idea che per lavorare bene assieme è importante essere coesi, intendersi, condividere le idee e che perciò la comunicazione è fondamentale.

L'utopia della comunicazione ha influito anche sul modo d'intendere i rapporti tra culture. Ha spinto a credere nel multiculturalismo, nell'idea che culture anche molto diverse possano tranquillamente convivere, senza bisogno di un'impegnativa gestione del problema, purché ci si apra gli uni agli altri.

Con la seconda esplosione tecnologica l'utopia della comunicazione si ripropone con maggior enfasi. Specie i blog e i social media vengono visti come risorsa che permette una diffusa partecipazione democratica alla gestione del potere e alle scelte collettive, che fa crescere la conoscenza e il senso morale, migliora le relazioni interpersonali e favorisce il benessere psicologico e che aiuta le organizzazioni lavorative a essere unite e conciliare produttività e benessere dei lavoratori.

Breton osserva che, anche a uno sguardo superficiale, l'utopia della comunicazione fa nascere dubbi: la comunicazione dilaga, ma il pericolo di degenerazioni in seno all'umanità non è stato scongiurato, anzi si ripresenta minaccioso nella società della comunicazione e dell'informazione.

Del resto l'idea che la comunicazione sia un valore indiscutibile e che di per sé possa risolvere ogni genere di problemi, esaminata con un minimo di attenzione, è fragile. Se la comunicazione è un valore o un disvalore, se è un bene o un male dipende dai contenuti che veicola e dal sistema di relazioni in cui si inserisce. Per rendersene conto basta riflettere criticamente sulle parole di Wiener citate prima.

Si nota subito l'ingenuità di credere che il fascismo si basi su un'assenza o su un difetto di comunicazione. Sappiamo benissimo invece che sia in Italia, sia in Germania la comunicazione è stata uno dei mezzi principali dei regimi nazionalsocialisti. Considerazioni analoghe si possono fare sul valore della comunicazione in etica e in scienza. Le persone comunicando possono trovarsi d'accordo su una regola sociale ingiusta e disumana. Nella storia della scienza la comunicazione tra scienziati spesso ha oscurato idee geniali di singoli, anziché diffonderle, e ha rallentato il progresso scientifico. Famoso il caso di Mendel e della genetica classica, che ha visto scoperte rivoluzionarie restare ignorate per trent'anni dagli scienziati dell'epoca, per poi essere recuperate fortunosamente. Del resto l'analisi delle scoperte celebri ci ha fatto rivalutare il peso del talento individuale.

Il punto è che il consenso non fa la verità. Noi possiamo trovarci tutti d'accordo su idee sbagliate e anche rovinose. I totalitarismi del Novecento sono esempi storici di consenso fuorviante, ma la vita quotidiana è piena di esempi, che gli psicologi sociali vanno studiando da tempo. Tra l'altro, quando pensiamo di essere tutti d'accordo, di solito non siamo realmente d'accordo, ma semplicemente fingiamo di esserlo: è il fenomeno dell'ignoranza pluralistica, descritto originariamente da Prentice e Miller in comunità di studenti universitari e riscontrato poi anche nelle interazioni online.

Platone lascia intendere bene come sia importante non confondere consenso e verità. Nel *Lachete* un padre, che deve decidere se avviare o meno il figlio all'educazione militare, chiama Socrate per avere il suo parere. Sente il bisogno di un terzo parere, perché i due esperti con cui sta parlando sono in disaccordo. Socrate gli chiede se davvero pensa di mettere ai voti una scelta così importante come quella dell'educazione del figlio.

È un altro errore dell'utopia della comunicazione credere che la comunicazione riuscita sicuramente migliori i rapporti interpersonali e il benessere psicologico. La ricerca scientifica degli ultimi decenni ha chiarito che per comunicare in modo da star bene con gli altri ci vuole sia la comunicazione riuscita, sia quella fallita.

Come notano Nikolas Coupland, Howard Giles e John Wiemann in *Miscommunication and problematic talk* del 1991, nell'esperienza quotidiana i difetti di comunicazione sono normali. I casi in cui si verificano intoppi abitualmente superano quelli in cui tutto fila liscio, anche se il più delle volte non ce ne rendiamo conto o rimediamo facilmente o andiamo avanti lo stesso. Tra le disfunzioni più frequenti ci sono i malintesi e anche le menzogne, sebbene il più delle volte si tratti di menzogne di poco conto e, almeno nelle intenzioni, a fin di bene.

Nella comunicazione le disfunzioni sono così frequenti perché sono utili. Quando la comunicazione riesce c'è trasparenza, la mente dell'uno si apre a quella dell'altro. Quando fallisce c'è opacità, si resta chiusi nonostante il comunicare. Nel rapporto con gli altri abbiamo bisogno sia della trasparenza che dell'opacità e l'ideale è tenere un giusto equilibrio (Di Giovanni 2007).

L'opacità ci permette di mantenere l'integrità sociale, evitando i conflitti o evitando che i rapporti si deteriorino o più semplicemente che dobbiamo riconfigurarli e lavorarci sopra. Non sapere l'uno ciò che ha in mente l'altro o poter fingere di non saperlo consente di andare avanti come prima, anche se è in atto una divergenza o se la situazione è cambiata.

L'opacità è importante anche perché lascia a ciascuno di noi uno spazio privato, in cui ritirarsi e analizzare le situazioni con distacco, controllando l'ansia e liberando risorse mentali. Grazie a questo spazio privato gli individui hanno facoltà di manovra nella vita sociale e riescono a intervenire strategicamente per cercare di cambiarla. È proprio lo spazio privato che il cattivo funzionamento della comunicazione lascia agli individui la fonte del continuo rimodellarsi delle società umane. Se la comunicazione fosse perfettamente trasparente, allora saremmo davvero in una società di formiche come quella che Wiener vuole evitare. Paradossalmente è l'opacità il tratto fondamentale delle società umane dinamiche e aperte.

La cortesia, che negli ultimi decenni è diventata un importante oggetto di studi delle scienze sociali, serve tra le altre cose a mantenere l'opacità della comunicazione (Di Giovanni 2009). La ritroviamo in tutte le comunicazioni di tutti i popoli della terra di ieri e di oggi, persino nella struttura di base della conversazione tra esseri umani.

L'idea che nel lavoro di gruppo e nelle organizzazioni produttive sia bene avere una comunicazione del tutto trasparente è egualmente sbagliata. Anche qui occorrono opacità e trasparenza, adeguatamente miscelate, così da assicurare la circolazione di informazioni, la coesione e al tempo stesso l'armonia sociale e gli spazi individuali. *Overcoming the "Ideology of Openness"* è il titolo di uno studio del 2013 di Jennifer Gibbs, Nik Rozaidi e Julia Eisenberg. Gli autori partono dai risultati di un'indagine in una startup di ingegneria per arrivare a criticare l'ideologia della trasparenza, che, con Internet e i social media, ha ripreso fortemente piede nella letteratura e nei discorsi comuni sulla gestione aziendale. Dall'indagine risulta che la pressione ad aprirsi con i colleghi usando i social media è motivo di disagio. I dipendenti dell'azienda in realtà si sforzano di salvaguardare la propria riservatezza e il proprio spazio personale e di trovare un equilibrio tra opacità e trasparenza.

È naturale che sia così. Gli studi attenti sulla vita organizzativa non lasciano dubbi in proposito, come del resto gli studi di base sulla comunicazione umana: quando comunichiamo con gli altri abbiamo bisogno di un certo grado di opacità che ci protegga. Ha perfettamente ragione il filosofo francese Vladimir Jankélévitch quando inneggia al malinteso.

Sia benedetto il cattivo ascolto, sia benedetto il disascolto che aiuta coloro che dialogano a sopportarsi l'un l'altro, fingendosi appena un po' più sordi di quanto non siano.

Non possono essere certo i social media a cambiare un tratto così sostanziale della nostra esperienza comunicativa.

La multiculturalità è ingenua. Il dialogo interculturale è difficile e impegnativo. Come nei rapporti interpersonali, anche nei rapporti tra culture il cattivo funzionamento della comunicazione può essere d'aiuto: per lo meno evitiamo i contrasti e rinviamo il momento più arduo del confronto. L'antropologo Franco La Cecla ha passato in rassegna numerosi casi storici di rapporti tra popoli culturalmente lontani ed è arrivato alla conclusione che il malinteso costituisce una preziosa zona franca, grazie alla quale le diverse identità possono continuare a coesistere come separate.

Quando il rapporto interculturale non può essere più gestito col cattivo funzionamento della comunicazione, quando le divergenze diventano sempre più evidenti, comincia il duro lavoro del dialogo interculturale. Il filosofo Nietzsche, con grande acume, aveva colto i fondamenti del dialogo interculturale, che la ricerca recente sorprendentemente va confermando. Occorre fissare punti fermi, principi che si condividono e sul resto accettare da entrambe le parti di essere accomodanti. Siamo ben lontani dal multiculturalismo e dall'utopia della comunicazione.

L'utopia della comunicazione non ha dentro solo convinzioni errate. Come la teoria della cultura di massa, dice anche cose che la ricerca scientifica conferma e che sembrano esatte, a riprova che vero e falso sono abitualmente mescolati nelle visioni ideologiche. Ad esempio, una mole crescente di studi suggerisce che c'è del vero nella sua idea portante di un *homo communicans*. Contrariamente a quanto si è sempre pensato nella tradizione filosofica e a lungo anche in psicologia, il pensiero è frutto del dialogo, che sia dialogo con gli altri o interiore. Non scaturisce semplicemente dal rapporto tra la mente e gli input che arrivano dal mondo esterno.

Un approccio pragmatico al problema della democrazia

I media hanno lati positivi e negativi e quindi le ideologie di condanna, come quelle entusiastiche che li esaltano, sono infondate. Se le cose stanno così, conviene adottare un approccio pragmatico. Quando ci interroghiamo su una questione che ci interessa e in cui i media sono implicati, la prima cosa da fare è prendere atto che i media esistono, fanno parte del mondo in cui viviamo. Poi dobbiamo sforzarci di capire come realmente stanno le cose, freddamente, senza pregiudizi, e fare del nostro meglio per trarre dai media i vantaggi che possiamo trarre, senza farci illusioni e stando attenti a limitare i danni. Proviamo a ragionare pragmaticamente sul ruolo che possono avere i media in democrazia.

Come notano Brian Loader e Dan Mercea in un articolo del 2011, Internet e la seconda esplosione tecnologica hanno fatto nascere speranze di una maggiore partecipazione democratica, che le ricerche empiriche hanno deluso o ridimensionato, ma che a ondate resuscitano, seppure mitigate. Le speranze sono legate soprattutto al problema della rappresentanza, che le democrazie indubbiamente hanno.

Il popolo mediante elezioni conferisce il potere ai governanti, che, una volta eletti, decidono autonomamente, magari scontentando chi li ha eletti. È il paradosso che il filosofo francese del Settecento Rousseau sintetizza così: popolo sovrano di tanto in tanto e suddito sempre. Rousseau era un fautore della democrazia diretta, in cui è il popolo stesso a prendere le decisioni, mentre le moderne democrazie sono rappresentative, anche quando consultano spesso il popolo con referendum. L'antica democrazia ateniese era abbastanza diretta, ma Atene aveva una popolazione assai modesta e molte cose si potevano decidere assieme in assemblea.

Internet consente alle persone di collegarsi in rete e questo ha fatto immaginare che si possa realizzare una sorta di democrazia diretta digitale. Il filosofo francese Pierre Lévy, già negli anni '90, ha visto nei forum uno strumento per analizzare assieme i problemi e fare scelte politiche, dando vita a un governo intellettuale del popolo.

...non si parteciperebbe più – scrive Lévy – alla vita della città in massa, facendo numero, o conferendo maggiore legittimità a un portavoce, ma creando la diversità, animando il pensiero collettivo, contribuendo alla elaborazione e soluzione di problemi comuni.

Lévy ha in mente il problema della rappresentanza e vede in Internet un mezzo per risolverlo.

... l'ideale della democrazia – scrive – non è l'elezione dei rappresentanti, ma la partecipazione della maggior parte del popolo alla vita della città.

Critiche e ricerche empiriche hanno spento i primi entusiasmi di Lévy e di altri. Con l'avvento dei blog e dei social media la speranza di una partecipazione capace di trasformare la democrazia si è riaffacciata. Ad esempio, Zizi Papacharissi dell'Università dell'Illinois, nel libro *A Private Sphere: Democracy in a Digital Age*, seppure con cautela, sottolinea che i social media collegano sfera privata e sfera pubblica e creano un'inedita partecipazione alla vita politica e collettiva.

In concreto una democrazia diretta digitale sembra poco realizzabile. È utopico pensare che la gente alle prese con i problemi quotidiani s'impegni in un continuo dibattito telematico di politica. In effetti le ricerche empiriche non sono riuscite a dimostrare che Internet ha portato con sé un significativo aumento della partecipazione dei cittadini alla politica. Una recente metanalisi condotta su 36 studi (Boulianne 2015) mostra che i risultati sono dubbi, comunque non tali da lasciar credere che Internet spinga le persone a darsi da fare per la democrazia.

L'idea è utopica anche perché i cittadini che dialogano su Internet, ammesso che si trattengano a fare un grande parlamento, non hanno il potere. Come già alla fine degli anni '90 i critici hanno fatto notare, è più facile che i media siano asserviti da chi è al potere e finiscano per espropriare i cittadini di un reale peso politico dando loro l'illusione della partecipazione democratica. Ad esempio, Maldonado (1997) paventava il rischio che il pensiero collettivo prodotto via Internet fosse pilotato da politici o aspiranti politici. Hill e Hughes (1998) evidenziavano invece il rischio che i dibattiti su Internet rispondessero piuttosto a interessi economici. Andrebbe tenuto anche presente che i media tendono a produrre disuguaglianze, causano *knowledge gap* (vedi pagina102), cosa che mal si concilia con certi ideali democratici.

Il punto però è un altro: l'utopia del parlamento digitale non tiene conto di che cos'è realmente la democrazia. Le moderne democrazie sono semplicemente sistemi politici per prendere decisioni d'interesse collettivo evitando gravi conflitti. Quando le ha teorizzate, il filosofo inglese Locke aveva in mente le drammatiche guerre civili che avevano sconvolto quell'epoca. Quando poi le democrazie si sono di fatto diffuse, è stato per uscire dalla crisi dello Stato liberale, che vedeva masse e élite contrapporsi pericolosamente. Il principio democratico è semplice: chi è eletto dal popolo, finché resta in carica, decide per gli altri e non si litiga perché su questo siamo d'accordo.

Capiamo meglio il principio democratico se abbiamo in mente il teorema di Arrow, stando al quale non è possibile prendere decisioni collettive che accontentino tutti. Di conseguenza, per quanto si cerchi di trovare un'intesa, alla fine c'è una parte della popolazione che deve subire la decisione. La democrazia è un sistema per fare questo passaggio in modo il più possibile indolore.

Altro cardine della democrazia è che non è il governo dell'intelligenza, non è una gestione della vita collettiva basata sulla conoscenza di ciò che è bene per gli uomini. Le scelte democratiche sono pratiche, dettate da esigenze del momento, come i rapporti internazionali, i rapporti di potere in seno alla società o altro. Non pretendono di essere scelte ideali.

Per questa ragione Platone era contrario alla democrazia. Avrebbe voluto che ci fosse un'intelligenza a guidare la politica, cosa che la democrazia non assicurava. Il suo giudizio sulla democrazia della *polis*, l'antica democrazia diretta, riferimento ideale dell'utopia del parlamento digitale, è decisamente critico. La società democratica somiglia a un "mantello variopinto", un luogo dove c'è disordine in tutto, anche nella morale e nell'educazione. Non c'è da meravigliarsi. Se nelle assemblee si cerca il consenso, se l'obiettivo non è tendere alla verità ma controllarsi reciprocamente e se il teorema di Arrow è valido, il risultato non può che essere quello descritto da Platone.

Ecco che Platone, almeno il primo Platone, arriva a concludere che a governare, assumendo a turno la carica di re, devono essere i filosofi, uomini che dedicano la vita alla conoscenza e alla ricerca della verità. Senonché, gli studi di psicologia hanno dimostrato che il potere finisce per corrompere mentalmente, nel modo di pensare, e che un cercatore di verità smette di esserlo, se è al potere.

Fatto ancora più importante, come Popper ha suggerito, il governo dei filosofi è in fin dei conti totalitario, anche nel migliore dei casi, anche se il filosofo dovesse restare integro. In effetti una caratteristica dei totalitarismi, messa in evidenza magistralmente da Hannah Arendt, è che lo scopo principale diventa fare il bene degli uomini, invece di limitarsi umilmente a perseguire obiettivi pratici, a fare modestamente della politica spicciola. I delitti peggiori sono stati commessi in nome del bene degli uomini. La ragione è semplice: il modello perfetto di società che portiamo avanti è solo il nostro e se lo portiamo avanti davvero forziamo e distruggiamo la vita delle persone.

Oggi il Welfare State subdolamente minaccia la democrazia, proprio perchè spinge a farla andare oltre la gestione pratica per occuparsi del bene del popolo, interrogarsi su che cosa è bene per l'uomo e risentire di tentazioni totalitarie. In questo cospira assieme ai media e all'utopia della democrazia diretta digitale.

Il fenomeno è paradossale, dato che alla base del Welfare State, accanto a intenti benevoli, di assistenza specie dei più deboli, ci sono motivazioni meno nobili, tra cui lo sforzo di legittimare col ricorso a ideali sociali le crescenti pressioni verso i cittadini, pressioni in termini di tassazione, impegno, esclusione effettiva dalla partecipazione alla vita politica. Così una trasformazione dello Stato tesa a salvare la democrazia restituendole una legittimità che sta perdendo finisce per contribuire alla sua crisi.

Se le cose stanno così, perché mai dovremmo creare un grande parlamento che in nessun caso riuscirà a soddisfare le aspettative di tutti? E perché dovremmo filosofeggiare tutti assieme su ciò che è bene per noi, rischiando una deriva totalitaria? Se anche fosse concretamente possibile realizzare il parlamento digitale, sarebbe meglio non farlo

La democrazia è in crisi e non sappiamo che sorte avrà. La crisi della democrazia rientra nella crisi più generale dello Stato moderno, cominciata più di un secolo fa e accentuatasi con la globalizzazione e lo sviluppo dei media. È una crisi complessa. È dovuta a più fattori, come la nascita di spazi franchi transnazionali, l'affermarsi di nuovi poteri non statali, i rapidi cambiamenti della vita, i rapporti interculturali e via dicendo. La crisi mette in discussione la territorialità degli Stati, la loro sovranità, la cultura giuridica e l'apparato statale su cui si basano. È anche una crisi di legittimità, di scarsa fiducia da parte della gente.

Cercare di risolvere la crisi di legittimità sostenendo utopie come quella della democrazia diretta digitale non è una buona idea. Come tutte le utopie è destinata a deluderci alla prova dei fatti: vediamo già che i nuovi media accentuano la crisi di legittimità, più che ridurla. Ma, se anche grazie ai media riuscissimo a risolvere la crisi di legittimità, resterebbero le altre ragioni di crisi.

Nonostante i suoi limiti e la crisi che attraversa, la democrazia è un sistema che così com'è ha i suoi pregi e forse non conviene fantasticare troppo su come riformarla. A ragionare pragmaticamente, tutto ciò che dobbiamo fare è prendere atto del fatto che i nuovi media influiscono sulle vicende democratiche e che possono essere usati per fare politica. Aiutano anche ad accrescere l'interazione tra chi governa e chi è governato, cosa che crea un nuovo spazio politico da sperimentare e gestire, senza farsi però illusioni. Siamo lontani dal costante rapporto di fiducia tra chi governa e chi è governato che immaginava Locke, il primo grande teorico della democrazia moderna.

Ciò che si profila somiglia di più a un nuovo clientelismo, un sistema di rapporti tra determinati cittadini che chiedono e determinati politici che soddisfano richieste. Il clientelismo tipico dei sistemi proporzionali tende a sparire nei maggioritari, ma si ripresenta coi nuovi media. Anche se spesso è criticato, visto freddamente, è pur sempre un mezzo di controllo che la base ha nei confronti delle élite. Ed è così che alcuni scienziati sociali lo considerano.

Un approccio pragmatico all'ICT in education

A partire dagli anni'90, si è fatta strada l'idea che le tecnologie della comunicazione e i media possono essere usati per insegnare. In tutto il mondo molti studiosi hanno guardato con entusiasmo alla prospettiva di adoperare le nuove tecnologie nell'insegnamento. Invece di servirsi solo della comunicazione faccia a faccia, dei libri e della scrittura su carta, si apriva la possibilità di lavorare in un ambiente più articolato e stimolante.

Grazie ai media chi insegna può disporre di una grande ricchezza di materiali didattici: testi scritti, video, audio, immagini, collegamenti online. Ha anche modo di favorire la partecipazione degli allievi. Possono essere coinvolti in un'attività didattica stimolante e più vicina alla loro esperienza corrente, hanno modo anche di impegnarsi in ricerche autonome e di confrontarsi in forum online. Le modalità tecnologiche degli scambi possono tener vivo il loro interesse.

Sulla scia di queste convinzioni di studiosi, vari governi hanno fatto investimenti, a volte significativi, per tecnologizzare le scuole. Si è diffusa la pratica dell'*ICT in education*, l'impiego nell'insegnamento di *Information and Communications Technology.*

È efficace l'insegnamento con i media? Che cosa dicono le ricerche scientifiche? Allo stato attuale la ricerca ha raffreddato gli entusiasmi dei sostenitori dell'insegnamento con i media. Stando alle prove che abbiamo l'uso dei media non sembra migliorare la didattica. Semmai esiste qualche dubbio che possa leggermente peggiorarla. La conclusione più saggia che si può trarre passando in rassegna la grande mole di ricerche che in pochi anni sono state condotte è che l'importante è la qualità della didattica, a prescindere dal fatto che si usino i media o meno nell'insegnamento.

I primi studi sembravano indicare che la didattica con i media è superiore a quella senza media. Ad esempio, in Gran Bretagna negli anni '90 sono state introdotte nelle elementari e nelle medie le LIM, le lavagne interattive multimediali. Parallelamente sono stati condotti studi nelle classi, che hanno indotto il BECTA (*British Educational Communication and Technology Association*), agenzia governativa, a dichiarare che le LIM migliorano l'insegnamento e l'apprendimento. Senonché gli studi condotti erano metodologicamente fragili e discutibili.

Si trattava semplicemente di osservazioni condotte in classe o interviste a studenti e insegnanti, senza un disegno di ricerca rigoroso e senza confronti e misurazioni che dessero un minimo di consistenza alle conclusioni. Questi studi testimoniano più che altro l'euforia dei primi sperimentatori della nuova didattica. Tra l'altro è possibile che proprio questa euforia abbia favorito un momentaneo miglioramento della didattica: arriva una novità in classe, i docenti sono molto impegnati, persone esterne studiano quel che accade e tutto questo crea un clima in cui si rende di più.

Qualche anno più tardi uno studio metodologicamente più solido, condotto da Steve Higgins e collaboratori, ha messo in evidenza che la novità da sola è in grado di produrre un temporaneo miglioramento della didattica. I ricercatori hanno confrontato i risultati raggiunti in scuole inglesi, dov'erano state introdotte le LIM, con altre dove non erano state introdotte. Hanno visto che nel primo anno le scuole con le LIM andavano meglio, ma nel secondo peggioravano il rendimento rispetto alle altre. Alla fine dei due anni avevano ottenuto risultati superiori gli allievi delle scuole senza LIM.

Lo studio di Higgins e collaboratori è correlazionale, cerca cioè di stabilire se l'uso delle tecnologie della comunicazione e i buoni risultati scolastici ricorrono assieme in modo significativo. Rispetto ai primi studi la metodologia è sicuramente più rigorosa. In seguito sono stati condotti numerosi altri studi correlazionali in vari paesi del mondo, cosa che ha reso possibile confronti su larga scala. I risultati non concordano. In alcuni casi l'impiego dei media è correlato a risultati migliori, in altri a risultati peggiori.

John Hattie nel 2009 ha pubblicato una rassegna condotta su circa 52.000 studi che avevano riguardato milioni di studenti. L'uso delle tecnologie della comunicazione da questa rassegna risulta essere nel complesso un modo di insegnare meno efficace di quello tradizionale, anche se le differenze sono minime. Hattie sottolinea che bisogna prendere atto del fatto che non può essere lo strumento in sé a garantire automaticamente il successo didattico.

Le indagini correlazionali hanno comunque dei limiti. Le dinamiche sono multifattoriali e ci sfuggono quando consideriamo i fattori a due a due. Così, ad esempio, alcune indagini PISA (*Programme for International Student Assessment*) hanno confortato la tesi che le tecnologie della comunicazione potenziano la didattica. Emergeva infatti che i ragazzi con facilità di accesso agli strumenti di comunicazione a casa e che frequentano scuole dove questi strumenti si usano raggiungono livelli di istruzione più alti.

Senonché lavori successivi hanno scorporato quei dati per categorie di persone e scuole. È emerso che decisivi sono ambiente famigliare e ambiente scolastico. Il punto è che i ragazzi che dispongono di tecnologie a casa sono anche di famiglie più agiate e mediamente più istruite. Allo stesso modo le scuole dove si usano i computer sono più spesso scuole di qualità.

Che dire a conclusione? Sembra saggio pensare che è bene che le tecnologie della comunicazione trovino posto a scuola. Sono strumenti della nostra civiltà e sarebbe come minimo strano che la scuola li ignorasse. Credere però che basti usare il computer o la LIM per fare una scuola migliore è un'ingenuità. Al contrario, quando si fa uso di questi strumenti occorre avere un'abilità pedagogica e didattica superiore. Da un lato sono insidiosi e rischiano di far scadere l'insegnamento, dall'altro, se opportunamente adoperati, possono offrire vantaggi.

Anche se siamo agli inizi e c'è ancora molto da capire, sembrano sensate alcune considerazioni pratiche. Adoperando i nuovi strumenti la didattica tradizionale viene a ridimensionarsi e aumenta lo spazio in cui l'allievo lavora in autonomia. Questo richiede che una parte significativa della didattica miri a sviluppare abilità che consentano all'allievo di svolgere per conto proprio un lavoro proficuo. Vanno sviluppate abilità informatiche, di uso delle tecnologie, di ricerca di contenuti attraverso le tecnologie, ma anche abilità meno ovvie.

L'allievo che lavora in autonomia dev'essere in grado di elaborare adeguatamente le informazioni anche in assenza di una guida. Può aiutarci a inquadrare il problema una classificazione schematica dei tipi di apprendimento proposta dagli psicologi cognitivi David Rumelhart e Donald Norman (1978, 1981), che gli sviluppi successivi nella sostanza hanno confermato.

Nella cognizione c'è una componente bottom-up, fatta di esperienze in cui incameriamo input che ci arrivano dall'esterno. C'è poi una componente top-down, di riflessione, in cui facciamo interagire con le conoscenze che abbiamo le informazioni che incameriamo, lavoriamo coi concetti e pensiamo. A seconda che prevalga una componente o l'altra, possiamo avere modi diversi di imparare o fasi diverse di un apprendimento.

C'è l'accumulo di dati, facile se abbiamo già uno schema concettuale in cui inserirli, arduo se dobbiamo trovare una cornice per inquadrarli. Stiamo dicendo che una ricerca di dati può produrre poco o nulla, se chi la fa non ha cornici concettuali per incamerarli in mente. Diventa un girare a vuoto.

Il passaggio successivo è il *tuning*, l'accordare, il mettere a punto, il raffinare. Qui prima occorre esercitarsi ripetutamente per poi far le cose agilmente e automaticamente. Il lavoro di *tuning* va fatto sia sui contenuti appresi, che devono diventare trattabili automaticamente, sia sulle abilità pratiche, che nella ricerca entrano in gioco e si sperimentano, come, ad esempio, il cercare conoscenze in rete.

La parte più difficile è l'elaborazione, che è prevalentemente riflessione. Qui occorre codificare le informazioni, confrontarle, organizzarle e poi riorganizzarle, guardandole secondo prospettive diverse, e ancora arricchirle, espanderle con elementi nuovi che si vanno a cercare appositamente. Questo tipo di apprendimento è dialogico, richiede la discussione a più voci. Può essere una discussione interiore, ma, specie per chi è alle prime armi, serve il supporto di qualcuno con cui dialogare e la supervisione di un esperto.

Fondamentale è l'abilità di approccio scientifico. L'espressione non deve fuorviarci: è un'abilità utile non solo per apprendere le materie scientifiche, ma in qualsiasi apprendimento, anche della vita. Tant'è che c'è chi la considera tra i life skills, le abilità che aiutano a stare al mondo, specie in un mondo come quello di oggi (Hendry a Kloep 2002). È un'abilità articolata, che comprende la tendenza a sentirsi ignoranti e a cercare conoscenze fuori di sé, l'immaginazione, il senso critico, l'astrazione e via dicendo.

Per fare in modo che le tecnologie dell'informazione e della comunicazione migliorino la didattica occorre anche curare adeguatamente il profilo motivazionale degli allievi. Probabilmente dobbiamo lasciare più spazio alle motivazioni intrinseche, come la curiosità e il bisogno di mettere alla prova le competenze, che possono spingere a cercare in proprio. Al tempo stesso occorre una certa disciplina, per evitare la dispersione.

Occorre prestare molta attenzione a come si configura il profilo motivazionale dell'allievo e in particolare all'equilibrio tra motivazioni intrinseche, in cui la soddisfazione sta dentro il fare stesso (come nel caso della curiosità o del *need for competence*), e motivazioni estrinseche, che spingono ad agire in vista di un tornaconto (l'approvazione dei docenti o dei compagni o il successo scolastico). Le intrinseche hanno il vantaggio che l'esperienza dello studio è migliore e che non c'è bisogno di mantenerle continuamente dall'esterno. Tuttavia lo studente animato da motivazioni intrinseche può correre dietro ai propri interessi e perdere di vista gli obiettivi della didattica. Una buona dose di estrinseche aiuta a orientare.

Il rischio che gli studenti motivati intrinsecamente si perdano dietro a interessi didatticamente non rilevanti è serio nel mondo dei media e delle nuove tecnologie della comunicazione in particolare. L'uso stesso degli strumenti di per sé è capace di soddisfare motivazioni intrinseche. Inoltre fin dalla prima esplosione tecnologica i media hanno spostato sempre più l'interesse delle persone dall'informazione e la conoscenza verso il loisir, il passatempo, il divertimento, lo svago fine a se stesso.

Nella formazione degli allievi occorre perciò curare che le motivazioni intrinseche siano sufficientemente orientate verso lo sviluppo di abilità e conoscenze. Un espediente a volte adoperato consiste nell'alternare periodi di uso dei media a periodi di privazione, in cui si cerca di soddisfare le motivazioni intrinseche con l'imparare ciò che a scuola s'impara.

Nelle fasi di privazione dà buoni risultati favorire, accanto allo studio individuale, attività di dibattito che seguano lo schema del filosofare, del discutere badando a progredire nella conoscenza. Questo contrasta la tendenza, favorita dai media, a vedere il dibattito come confronto tra persone o tra idee di persone, anziché come un progredire nella conoscenza.

Decisivi sono il clima scolastico e i programmi latenti, quei programmi non dichiarati, ma che gli allievi colgono vivendo a scuola. Devono portare a riconsiderare i media nell'ottica dello sviluppo di abilità e conoscenze e della crescita personale, piuttosto che del loisir e della partecipazione alla vita sociale fine a se stessa.

Un errore comune è mettere nell'ambiente scolastico troppa enfasi sul fatto stesso che si usano i media e che perciò si è avanzati. Questo programma latente fa sentire a posto, soddisfatti e scoraggia il duro impegno che invece questa didattica chiede a docenti e allievi.

Un approccio pragmatico alla cognizione distribuita

La nozione di cognizione distribuita è al dunque piuttosto semplice. Comunemente pensiamo che le nostre prestazioni mentali dipendano da noi, presi come individui. Se mi ricordo o meno di un appuntamento, se so certe cose che per fare il mio mestiere dovrei sapere o non le so, se guido bene o male l'automobile, se trovo la soluzione a un problema, se prendo una decisione soddisfacente, il merito o il demerito è mio, va cercato nella mia mente. In realtà non è così. Le nostre prestazioni mentali dipendono dall'interazione tra la nostra mente e il mondo circostante, cioè gli oggetti che ci circondano, gli strumenti di cui disponiamo, le altre persone con cui interagiamo.

La stessa persona, con la sua stessa mente, le sue conoscenze e le sue abilità, può avere prestazioni eccellenti in un contesto e pessime in un altro. Chi per esperienza si è accorto di questo fatto, quando gli dicono che uno specialista è molto bravo, come a voler fare una battuta chiede: "Ma dove lavora?". Ha capito che le prestazioni di uno specialista risentono significativamente dell'ambiente lavorativo, dipendono da come questo è organizzato, dagli strumenti disponibili, dai colleghi che ci sono e dai rapporti tra colleghi. Perciò non possiamo fare affidamento solo sulle personali competenze di quello specialista. Per la psicologia credere che le prestazioni mentali dipendano dall'individuo è solo uno dei tanti casi di errore fondamentale di attribuzione, la tendenza a sovrastimare l'importanza della persona e a sottovalutare il peso delle situazioni in cui questa viene a trovarsi. In circa un secolo di ricerche si sono accumulati decine di migliaia di studi che dimostrano come la situazione conti più di quanto immaginiamo. Una coraggiosa rassegna ne ha presi in esame 25 mila (Richard *et al.* 2003).

Nonostante sia quasi ovvia, la nozione di cognizione distribuita si è fatta strada solo verso la fine del Novecento. L'idea che la nostra mente è un elaboratore che opera in isolamento e può contare essenzialmente sulle proprie forze attraversa tutta la tradizione filosofica. A lungo è stata dominante anche in psicologia e nelle scienze cognitive.

Gli psicologi cognitivi hanno stentato a rendersi conto che le prestazioni mentali sono legate all'interazione con l'ambiente, perché fino agli anni '70 hanno privilegiato le ricerche di laboratorio. Invece di studiare le prestazioni mentali nei contesti reali di vita quotidiana, hanno preferito farlo in situazioni artificiose in cui a individui isolati si chiedeva di svolgere compiti. Nel 1976 il libro di Ulric Neisser, *Cognition and reality*, inaugura l'approccio ecologico, che punta a studiare le prestazioni mentali nei contesti di vita quotidiana in cui gli individui percepiscono, apprendono, ricordano, pensano, decidono.

Con l'approccio ecologico arrivano scoperte sorprendenti. Ad esempio, negli esperimenti di laboratorio gli anziani hanno mediamente una memoria peggiore dei giovani. Andando però a studiare la memoria nella vita reale, si scopre che le prestazioni degli anziani in alcuni casi sono nettamente migliori. Ad esempio, in uno studio sulla memoria prospettica, sul ricordarsi cose da fare, gli anziani ricordavano nel 90% dei casi contro il 20% dei giovani (Moscovitch 1982). Il punto è che gli anziani, consapevoli dei limiti della memoria, adottavano strategie, come lasciare un biglietto in vista o ricorrere ad altre forme di aiuto. Ecco che s'impone con evidenza l'idea che le prestazioni mentali di un individuo non dipendono semplicemente dalla sua mente, ma da come la sua mente interagisce col mondo che la circonda.

Le premesse della nozione di cognizione distribuita ci sono già nella scuola storico-culturale russa (vedi pagina 48), in Vygotskij

(1960) e Leontjev (1965), che tendono a considerare i processi cognitivi legati al contesto umano e tecnologico. La nozione però si afferma con Donald Norman (1993) e Edwin Hutchins (1995).

Norman è interessato più che altro agli oggetti, a come la loro costruzione e la loro disposizione negli ambienti può influire sulle nostre prestazioni. *Things that make us smart* è il titolo del suo libro del 1993, dove analizza tra l'altro pannelli di comando di cabine di pilotaggio di aerei, di navi, di impianti industriali, trovando come siano spesso mal costruiti. Già qualche anno prima con *The psychology of everiday things* aveva lanciato un messaggio agli ingegneri, affinché costruissero oggetti e strumenti di uso quotidiano in modo più funzionale nell'interazione con le nostre menti.

Hutchins si è interessato di più a come il rapporto con le altre persone influisca sulle prestazioni mentali, per cui parla anche di *socially distributed cognition*. Viene da una formazione di antropologia culturale ed è abituato a pensare che insieme le persone possono darsi organizzazioni che consentono loro di svolgere attività che non riuscirebbero a fare da soli. Si trova a lavorare per la Marina Militare e, analizzando quel che accade su una nave, si accorge che c'è un'intelligenza distribuita, grazie alla quale la nave può essere pilotata. Il titolo del suo libro è *Cognition in the wild*, per sottolineare l'approccio ecologico, lo studio della mente nel suo ambiente naturale, come su una nave dove tanti pensano assieme.

Se ragioniamo nell'ottica della cognizione distribuita, afferriamo subito che le nuove tecnologie della comunicazione, Internet in particolare, aprono prospettive assai promettenti. Consentono di potenziare enormemente le nostre prestazioni mentali. Rapidamente possiamo consultare un dizionario per controllare i significati di una parola, possiamo documentarci sulla biografia di uno scrittore, ragionare dati alla mano sull'andamento di un mercato o passare in rassegna la recente letteratura scientifica su un argomento.

Consideriamo un'attività come quella medica. Tradizionalmente il sapere di un medico è legato agli studi che ha fatto e all'aggiornamento che porta avanti studiando per conto proprio, andando ai congressi, partecipando a formazioni. Oggi può accedere a un motore di ricerca scientifico e, se è sufficientemente abile, in breve tempo consultare linee guida o gli ultimi sviluppi della scienza relativi a un caso di cui si sta occupando.

Se è impegnato nello screening mammario, può servirsi di un software per calcolare la probabilità che una donna ha di avere un cancro al seno a prescindere da ciò che fa vedere la mammografia. Si tratta di un dato essenziale per la valutazione che gli si chiede di fare, ma la sua mente da sola, "disincarnata" come dice Norman, non riuscirebbe mai a calcolare quella probabilità. Dietro il calcolo che fa il software ci sono modelli matematici e complicati algoritmi che i ricercatori hanno costruito. A lui basta inserire le informazioni che raccoglie dalla paziente e ha il dato della probabilità: la sua mente è diventata molto più potente.

Quando il medico adopera più farmaci contemporaneamente, per la sicurezza del paziente deve chiedersi se non ci siano interazioni tra questi farmaci che possono risultare dannose. Certe interazioni minacciano la vita stessa. Oggi a disposizione del medico ci sono software, costantemente aggiornati in base ai dati della letteratura scientifica, che segnalano le interazioni. Basta digitare i nomi dei farmaci. Tenere a memoria tutte le interazioni note è un'impresa davvero ardua e oltre tutto è poco sensata, visto che le informazioni sono accessibili in qualsiasi momento.

Le tecnologie della comunicazione in medicina sono di aiuto anche per problemi più semplici. È vantaggioso, ad esempio, avere sempre a disposizione informazioni sugli esami, le procedure e altre attività. Se devo decidere qual è l'esame diagnostico più appropriato per rispondere a un quesito clinico, devo conoscere sensibilità e specificità dei vari esami in quel caso, devo sapere cioè qual è la probabilità statistica che un esame mi faccia scoprire ciò che m'interessa e qual è la probabilità che mi dia falsi negativi e m'induca in errore. Tabelle con sensibilità e specificità degli esami caso per caso consentono al medico di fare scelte diagnostiche appropriate, semplicemente accedendo a una pagina dal computer o dal tablet.

In medicina può essere di grande aiuto anche il confronto tra colleghi, che pure le tecnologie della comunicazione possono favorire. Ad esempio consentono di chiedere un parere a distanza a un centro superspecialistico o di inviare immagini di esami radiologici o istologici e confrontarsi sulla loro interpretazione.

Nonostante i vantaggi che evidentemente possono derivarne, in medicina tecnologie della comunicazione e cognizione distribuita restano sottoutilizzate. Gli ostacoli sono soprattutto culturali e in buona parte legati al modo tradizionale d'intendere la competenza professionale.

I DUE PARADIGMI DI COMPETENZA PROFESSIONALE A CONFRONTO	
possesso personale	**distribuzione dinamica**
• Le competenze hanno sede nell'individuo	• Le competenze sono distribuite: si trovano oltre che in sé in cose (testi, tecnologie, supporti) e negli altri
• Sono definite	• Si definiscono volta volta a seconda delle richieste
• Sono accessibili e pronte all'uso	• Vanno attivamente cercate o recuperate dalla memoria avvalendosi di aiuti e supporti
• In ogni momento sono frutto del curriculum formativo pregresso	• Il curriculum pregresso fornisce semplicemente la strumentazione intellettiva per costruire di volta in volta le competenze che occorrono
• Sono alla base della professionalità	• L'identità professionale si basa sull'impegno profuso e sull'inserimento in un sistema di standard adeguato più che sul sapere individuale accumulato.
• Il professionista è autonomo, nel senso che trova in sé ciò che gli occorre per esercitare la sua professione	• Il professionista dipende dall'ambiente in cui opera, giacché trova ciò che gli occorre intorno a sé, oltre che in sé
• Le competenze fanno sentire all'altezza delle richieste e immuni da rischi	• Le competenze fanno sentire ignoranti, creano tensione conoscitiva (interrogativi, ipotesi da verificare) e sono motivo di inquietudine per i rischi.

In medicina c'è la tendenza a considerare le competenze alla stregua di un possesso personale. Questo modo di vedere implica una serie di convinzioni, che, non appena si comincia a ragionare in termini di cognizione distribuita, finiscono per essere ribaltate. La cognizione distribuita richiede di cambiare paradigma, di passare a una nuova concezione, in cui le competenze sono distribuite dinamicamente tra mente del professionista e ambiente, non sono le sue.

Cambiare paradigma è difficile. Forti resistenze impediscono di passare dall'idea che la competenza sia un possesso personale all'idea che è distribuita dinamicamente nel rapporto del professionista con l'ambiente.

I medici tendono a restare attaccati al paradigma del possesso personale, soprattutto perché così pensano di salvaguardare la loro "faccia" professionale, si sentono più sicuri e hanno buoni argomenti per rassicurare pazienti e altri utenti. Del resto i pazienti in questo li rinforzano. In genere confidano più sulla bravura del singolo che sul team o sull'organizzazione. Facilmente poi guardano con sospetto al lavoro di studio, di documentazione, riflessione, come se la bravura implicasse sapere in partenza quel che c'è da sapere.

I pazienti sono spesso i primi a non comprendere la nozione di cognizione distribuita. A volte, anche se l'afferrano in altri ambiti, la rifiutano nel caso delle cure. Si sentono più sicuri a pensare che a curarli è un'intelligenza "disincarnata", anziché una calata in un contesto di vita reale. In fondo l'intelligenza "disincarnata" sembra più stabile, più solida e affidabile. Se mi sono messo nelle mani di un grande professionista, posso stare tranquillo. Peccato che la mente sia quel che è e che le sue prestazioni siano contingenti e legate al rapporto con l'ambiente.

D'altra parte vari ostacoli rendono difficile per i medici passare al nuovo paradigma: difetto di mentalità scientifica, difficoltà di dialogo, carenze organizzative, barriere linguistiche, ecc. A ben guardare, il paradigma della distribuzione dinamica è piuttosto impegnativo e richiederebbe di rivedere seriamente la formazione dei professionisti della sanità.

Il paradosso delle resistenze al cambio di paradigma

Le resistenze a quel cambio di paradigma che in medicina consentirebbe di sfruttare la cognizione distribuita sono un fatto paradossale. Oggi infatti ci sono varie pressioni sociali che spingono ad abbandonare il paradigma del possesso personale per passare a quello della distribuzione dinamica.

• **Progressi della medicina.** La crescita esponenziale della ricerca scientifica, la crescente necessità di rifarsi a evidenze, la formazione di centri specializzati di eccellenza, la caratterizzazione di nicchia delle patologie fanno sì che il medico da gestore dell'attività clinica, che cala nella pratica le conoscenze mediche in suo possesso, si trasformi piuttosto in mediatore tra polo clinico e polo scientifico. Diviene un interfaccia tra il contesto in cui il paziente va concretamente gestito da una parte e dall'altra la tradizione scientifica cui rifarsi e i centri di eccellenza con cui rapportarsi.

• **Accountability.** I professionisti della sanità sono chiamati sempre più a rendere conto pubblicamente del proprio operato e a dimostrate di erogare servizi di standard adeguati. A chiedere conto sono: l'opinione pubblica (più istruita, più informata, meno riverente, avvezza al benessere, intollerante all'incertezza, sotto l'effetto dei mass media, ecc.), i politici (responsabilizzati a loro volta dall'opinione pubblica e dai mass media e alle prese con i problemi economico-gestionali), i mass media, che si ergono a custodi del welfare state.

• **Crescente complessità del sistema sanitario.** Il medico diviene sempre più parte di un sistema complesso e le sue prestazioni dipendono più dall'organizzazione del sistema, da come egli vi si inserisce e dalla capacità di mettere il paziente al primo posto e aiutarlo a fruire del sistema. Se non opera così, se mantiene l'atteggiamento paternalistico e accentratore del passato, oggi il medico abbassa gli standard delle proprie prestazioni a livelli inaccettabili, compromette la sicurezza dell'assistenza sanitaria e fa correre e corre rischi.

• **Cambiamenti nel rapporto con i pazienti.** Oggi i pazienti sono più informati e al tempo stesso ancor più da educare, autonomi, da lasciare liberi di autodeterminarsi e al tempo stesso da aiutare e guidare nelle loro scelte. Queste contraddizioni non sono facili da gestire finché si resta nel paradigma del possesso, in

continua ▸▸▸

129

quanto questo va di pari passo con i tradizionali modelli asimmetrici e autoritari di rapporto col paziente. Per il fatto stesso di accentrare in sé competenze definitive e risolutive che lo rendono all'altezza della situazione, il medico guida e il paziente non può che seguire docilmente. Il paradigma della distribuzione dinamica permette di conciliare le esigenze contraddittorie, in quanto il medico è orientato a scoprire, conoscere e risolvere volta volta i problemi e può coinvolgere il paziente nell'impresa. Tra loro permane un'asimmetria, che però è ridotta, in quanto entrambi sono in un cammino: il medico traina, fa da capofila, ma non c'è chi è già arrivato e chi deve arrivare.

Anche il diritto non è di aiuto. Si basa sulla responsabilità individuale, cosa che mal si accorda con la cognizione distribuita. Se un medico commette un errore e si va in giudizio, il diritto ha bisogno di credere che l'errore è del medico. Entra in uno stato confusionale, se cominciamo a dire che l'errore va cercato nel rapporto tra la mente del medico e l'habitat naturale in cui questa mente si è trovata a lavorare.

La medicina non è l'unico settore in cui si stenta a sfruttare le potenzialità della cognizione distribuita. Dove più, dove meno una certa resistenza c'è e le ragioni sono sempre culturali. Basti pensare all'incredibile vicenda dei casi di bambini dimenticati in macchina. Sappiamo benissimo, perchè le ricerche scientifiche non lasciano dubbi a riguardo, che si tratta di normali errori della nostra mente, semplici lapsus. Sono dovuti alla struttura stessa della nostra mente, una struttura che per altro è ottima, ma che ha i suoi bug, come tutti i sistemi ottimi. Ci sono voluti tanti sventurati episodi prima che qualcuno arrivasse a pensare che poteva essere utile un allarme, come quelli che sulle auto abbiamo per rischi al confronto banali. Che cosa ha frenato? L'idea che la mente di un uomo deve farcela da sola.

La cognizione distribuita presenta un altro serio problema: può rivelarsi controproducente. Norman all'inizio del suo *Things that make us smart*, lo dice chiaramente riferendosi al rapporto mente-tecnologia.

Ho due notizie da darvi sulla tecnologia: quella buona e che può farci intelligenti, ed effettivamente lo ha già fatto [...] Ma... la cattiva notizia è che la tecnologia può renderci anche stupidi.

Torniamo al caso della medicina. È vero che i medici hanno la possibilità di consultare procedure, linee guida, letteratura scientifica o di usare software. Devono però saper utilizzare al meglio questi strumenti, altrimenti rischiano di trarre poco giovamento da questo lavoro o addirittura di finire fuori strada.

Il problema si pone ancora più seriamente quando è il paziente a documentarsi sul web. Molti medici temono questa evenienza, perché si trovano a dover discutere di cose che a volte sono assurde.

Anche il dialogo con gli altri può essere controproducente, così come può migliorare le prestazioni mentali. È ingenuo pensare che il confronto, la discussione a due o di gruppo, porti sempre a conclusioni migliori del lavoro mentale fatto da soli. Le ricerche scientifiche sul lavoro di gruppo, che ormai hanno un secolo di tradizione, mostrano chiaramente che il dialogo richiede accortezza.

Negli anni '60 Robert Zajonc, riprendendo decenni di ricerche precedenti con risultati contraddittori, ha chiarito che c'è differenza a seconda dell'impegno intellettivo del lavoro svolto assieme. Se portiamo avanti un'attività meccanica, automatica, farlo assieme agli altri quasi sicuramente migliora le nostre prestazioni. Se però siamo impegnati in un'attività intelligente, le prestazioni di solito peggiorano, tanto da far concludere che una testa sola può essere meglio (Hackman e Morris 1978; McGrath 1984; Littlepage 1991; Tindale 1999).

La cosa interessante è che lavorare assieme agli altri a un compito di intelligenza potenzialmente è meglio, può farci rendere di più. Di fatto però, quando si dialoga, accadono molte cose che possono farci rendere meno. L'ansia sociale porta le menti dei singoli a funzionare male, l'informazione non circola a dovere e assieme si prendono vie sbagliate che allontanano dalla conoscenza e dalla soluzione dei problemi, facendo cadere anche in gravi errori.

A voler essere pragmatici, la conclusione è chiara. Abbiamo davanti grandi potenzialità. Tuttavia occorre che le persone siano individualmente più abili nell'uso delle tecnologie, nell'accesso alle informazioni e alla conoscenza. Quelle abilità che a scuola dovremmo sviluppare per fare didattica con i media (vedi pagina 119) andrebbero sviluppate per la vita e per le professioni.

Dovremmo anche preoccuparci di gettare le basi per favorire l'intelligenza collettiva. Le persone dovrebbero essere formate a gestire relazioni e lavoro di gruppo in modo da evitare tutte quelle perdite di processo che portano un gruppo a rendere meno del singolo. Non fare queste azioni e aspettarsi che magicamente le tecnologie e i contatti con gli altri ci rendano più intelligenti è nient'altro che ingenuità.

Un approccio pragmatico ai social media

I social media hanno vantaggi e svantaggi. C'è una vasta letteratura popolare a riguardo, con consigli per gli utenti e per chi vuole servirsene per scopi di marketing o di altro genere. Anche le ricerche scientifiche indicano benefici e danni. A volte le indagine vertono sul percepito, sulle impressioni degli utilizzatori, a volte si servono di test psicologici o di rilevazioni oggettive.

A parte i risvolti pratici, come i contatti utili o le informazioni preziose o il rischio di contatti problematici, alcune ricerche si sono interessate al benessere psicologico. Nel complesso sembra che possa migliorare, se non altro perchè l'esperienza tende a ridurre l'ansia sociale e a far crescere l'autostima. Quando però attraverso la rete le persone empatizzano con altri che hanno problemi il loro stress sembra aumentare. In questi casi a volte sperimentano conflitti interiori tra la spinta altruistica a impegnarsi a favore dell'altro e quella egoistica.

Paradossalmente le persone ansiose e a bassa autostima rifuggono dai social media. Probabilmente su di loro l'esperienza ha effetti negativi e saggiamente la evitano o forse tendono a preferire rapporti più direttamente gestibili. Evitano i social media anche le persone con sé indipendente, con alto controllo di sé, livelli elevati di intelligenza razionale e creatività, più interessate a far bene le cose che al successo e attaccate al proprio spazio privato di soggettività, a meno che non vi vedano interessi strumentali. Se si sono immerse nei social media per ragioni strumentali, a volte queste persone arrivano a un punto di rottura, non riuscendo più a sopportarne certe conseguenze.

Probabilmente è esagerato dire che nei social media si realizza una nuova oralità, un'esperienza di comunicazione come quella delle società senza scrittura (vedi pagine 43-52). L'idea di una nuova oralità si è affacciata quando la seconda esplosione tecnologica era ancora agli inizi (Bolter 1991). I social media hanno aspetti che spingono a riconsiderarla o per lo meno la fanno apparire suggestiva. Possiamo ritrovarvi alcuni tratti dell'oralità, come il maggior peso della relazione, il fatto che la comunicazione tende a essere attività sociale più che trasmissione di messaggi, un certo agonismo verbale, una strutturazione che lascia meno libertà, una tradizione più fluida con un indebolimento del senso del sapere oggettivo o lo svanire della figura dell'autore, come accade in Wikipedia (vedi pagine 37 e seguenti). Probabilmente alcuni tipi di personalità non si sentono in sintonia con queste modalità comunicative.

Una ragione per cui la tesi della nuova oralità lascia perplessi è che in realtà le stesse tecnologie della comunicazione favoriscono aspetti che ricordano l'oralità e altri di segno opposto, che se ne allontanano. Ad esempio, negli scambi che avvengono nei social media si ha l'impressione che sia indebolito il senso del sapere oggettivo, del "mondo 3" di Popper (vedi pagina 47). Le nuove tecnologie della comunicazione però tendono a dare più consistenza alla conoscenza fuori di noi.

In passato, a meno di possedere un'enorme biblioteca, a certe conoscenze si poteva accedere solo interrogando esperti. Oggi le abbiamo alla nostra portata e anche gli esperti fanno i conti più di prima con un sapere oggettivo che sta fuori delle loro menti.

Per questo la cognizione distribuita è una grande opportunità e un problema che abbiamo davanti (vedi pagina 121). Gli utenti dei social media vivono in questo nuovo contesto e non possono che avere una doppia percezione del"mondo 3", ora più debole, ora più imponente che mai.

Questa ambivalenza nei riguardi del sapere si capisce meglio se la inquadriamo nel fenomeno dell'erosione delle tradizioni. Tutte le tradizioni, compresa quella del sapere e della scienza, sopravvivono e a volte si rafforzano, ma perdono autorità e diventano meno vincolanti: è a nostra discrezione aderire o meno. Il fenomeno è cominciato già in età moderna limitatamente ad alcune tradizioni e ai paesi occidentali. Ora con la globalizzazione va estendendosi a tutte le tradizioni e al mondo intero. A provocarlo sono vari fatti, come la scolarizzazione, il diffondersi del senso critico, la cultura democratica. I media contribuiscono all'erosione delle tradizioni, già a cominciare dalla diffusione della stampa e dalla prima esplosione tecnologica, e i social media vanno a inserirsi in questo flusso di cambiamento culturale.

Per quanto possiamo soffermarci ad analizzare pregi e difetti dei social media, è un dato di fatto che ci sono, sono estesamente diffusi e importanti. Perciò dobbiamo prenderli in seria considerazione se facciamo marketing, gestiamo una organizzazione, facciamo un servizio di pubblica utilità, come la sanità. Rende bene l'idea di questo approccio pragmatico un articolo del 2011 di J. Kietzmann et al., dal titolo eloquente: *Social media? Get serious! Understanding the functional building blocks of social media*.

Gli autori notano che i dirigenti delle aziende a volte ignorano i social media e perciò nell'articolo spiegano che cosa sono e come usarli nell'organizzazione aziendale. Hanno ragione, anche se certe resistenze sono comprensibili. Per chi è in determinate posizioni i social media possono rivelarsi pericolosi e vanno gestiti con cura, consapevoli di tutti i risvolti possibili del loro impiego.

E l'obiezione di Platone?

I temi su cui riflettere sono ancora tanti, ma il libro è arrivato alla fine. Sarebbe un peccato però lasciare in sospeso l'obiezione di Platone alla scrittura, così acuta e penetrante.

E una volta che sia messo in scritto, ogni discorso arriva alle mani di tutti, tanto di chi l'intende quanto di chi non ci ha nulla a che fare, né sa a chi gli convenga parlare e a chi no. Prevaricato ed offeso oltre ragione esso ha sempre bisogno che il padre [l'autore] gli venga in aiuto, perché esso da solo non può né difendersi né aiutarsi.

Platone ha perfettamente ragione. Ciò che il lettore ricava da un testo sfugge al controllo dell'autore. Per quanto uno si sforzi di confezionare il testo in modo che orienti il lettore, sarà il lettore a dare senso al testo.

È merito della psicologia cognitiva aver chiarito che il lettore è un protagonista della lettura. In passato era diffusamente accettato il modello dell'estrazione, secondo il quale gli scritti sarebbero serbatoi di significati, luoghi in cui le cose da capire sono già contenute. Il lettore non dovrebbe far altro che tirarle fuori. La psicologia cognitiva ha dimostrato invece che la comprensione è il risultato di un'interazione tra testo e lettore. Il testo è solo uno stimolo, a partire dal quale il lettore costruisce il senso mettendo in gioco conoscenze che ha già. Come dice un noto psicologo, "il testo è un pallone sgonfio, a meno che il lettore non possegga un quadro interpretativo che gli consenta di soffiarci significato dentro".

Se abbiamo dei dubbi, proviamo a cimentarci con la lettura del brano che segue, ideato da Dooling e Lachmann a scopo dimostrativo.

Con le gemme a finanziarlo, il nostro eroe sfidò coraggiosamente gli irridenti schernitori che tentavano di impedire il suo piano."Gli occhi vi ingannano - aveva detto - questo inesplorato pianeta viene più correttamente simbolizzato da un uovo che da un tavolo". E allora tre intrepide sorelle partirono alla ventura, avanzando a volte per calme distese, più spesso per turbolenti picchi e vallate. I giorni divennero settimane, e mormorii di paura da cantoni sparsero molti dubbi. Infine dal nulla ap-

parvero benvenute creature alate a significare un momentaneo successo.

Se abbiamo capito il senso, c'è stato un momento di viraggio, in cui tutto improvvisamente si è fatto chiaro. Forse è avvenuto alla quarta riga, dove l'inesplorato pianeta, l'uovo e il tavolo ci hanno richiamato alla mente le dispute sulla sfericità della Terra. Forse è avvenuto dopo, dove si parla delle tre intrepide sorelle o più in là o forse siamo arrivati in fondo perplessi di questo strano testo. Se abbiamo colto il senso, è stato in forza di ciò che sapevamo già. Gli stimoli provenienti dal testo sono stati integrati col nostro sapere pregresso e di lì è scaturito il senso.

Possiamo obiettare che il testo di Dooling e Lachmann è artificioso, costruito apposta per mettere il lettore in difficoltà. Torniamo a leggere allora un passo di questo libro.

Quando poi le democrazie si sono di fatto diffuse, è stato per uscire dalla crisi dello Stato liberale, che vedeva masse e élite contrapporsi pericolosamente.

Che cosa abbiamo capito? Siamo soddisfatti di ciò che abbiamo capito? Davvero? Ma che cos'è esattamente lo Stato liberale? Com'era organizzato? Come funzionava? In che epoca siamo? E che cos'è la crisi dello Stato liberale? Come mai è andato in crisi? Quali effetti ha avuto la crisi? Che cosa c'entrano in tutto questo masse e élite? E in che senso si parla di masse e élite? E in che senso il testo dice "quando poi le democrazie si sono di fatto diffuse"? Cosa vuol dire quel "di fatto"?

Chi scrive non può esplicitare le risposte a tutte queste domande cui occorre rispondere per comprendere poche righe. Un libro diventerebbe una biblioteca, che avrebbe bisogno di altre biblioteche perché tutti i significati vengano davvero compresi dai lettori.

La preoccupazione di Platone è dunque fondata. La sua soluzione è stata adoperare i testi scritti solo per sensibilizzare le persone alla filosofia e poi insegnare davvero filosofia in presenza, dove ciò che l'interlocutore comprende può essere aggiustato a feedback. Un docente in aula può cercare di cogliere i significati incompresi e colmare quante più lacune riesce, come verosimilmente faceva Platone assieme agli altri insegnanti nell'Accademia, sulla via di Eleusi, dove c'era anche una biblioteca.

Nella storia successiva della scrittura e poi della stampa la strategia seguita per affrontare il problema della lettura combina due azioni: il controllo sulla produzione dei testi e la formazione dei lettori. Il controllo della produzione cerca di mettere in circolazione testi tali da indurre il lettore a formarsi più facilmente certe conoscenze anziché altre. Da solo questo controllo non basta. Come acutamente osserva Platone e come la psicologia ha dimostrato, il testo può solo orientare. È il lettore a fare il resto.

Persone che sanno abbastanza, sono disposte a imparare e sono in grado di usare bene ciò che sanno hanno più probabilità di afferrare il senso che i testi vorrebbero trasmettere. Ecco come mai formare le persone è un'altra via per cercare di risolvere il problema della lettura. Le agenzie culturali, la famiglia, la scuola, le associazioni e le altre agenzie, tra cui i media, diventano in quest'ottica strumenti importanti.

Nella storia dei media l'uso dei due mezzi è cambiato nel tempo. All'inizio l'enfasi maggiore è stata messa sul controllo della produzione, restringendola e adoperando la censura. Sono prevalse anche motivazioni politico-religiose e di difesa della tradizione. Con l'età moderna, a cominciare dalla rivoluzione scientifica e dalla riforma protestante, l'enfasi si sposta sempre più dal controllo della produzione alla formazione del lettore. Nasce un movimento che tende a dare fiducia a chi legge, vuol fare leva sul senso critico e punta allo sviluppo della conoscenza più che alla conservazione della tradizione esistente. Si capiscono così le parole di Locke.

Se giudichi per tuo conto so che giudicherai onestamente; e, qualunque sarà la tua critica, non sarò né danneggiato né offeso.

Nel nuovo clima, anche grazie al cambio di strategia nella gestione della lettura, si realizza un enorme sviluppo del sapere. Soprattutto scienza e tecnologia crescono: si moltiplicano le discipline, le scoperte e il progresso è sempre più rapido. Il nuovo sistema di produzione del sapere si istituzionalizza, viene ufficialmente riconosciuto e diventa una grande macchina, un'impresa che arruola schiere di studiosi: nasce la *big science*.

A questo punto il controllo della produzione assume una diversa forma. Chi detiene il potere tende a controllare la circolazione del sapere in modo più morbido, scendendo a patti con chi produce e pubblica i testi. Si afferma d'altra parte un controllo intellettuale, basato sulla responsabilità degli autori e degli editori, che diventano garanti della serietà delle pubblicazioni.

Diversamente da quanto si potrebbe credere, il controllo intellettuale della produzione non è in contrasto con lo spirito di libertà e l'antidogmatismo che ha caratterizzato la rivoluzione scientifica e con il moderno impulso alla crescita della conoscenza. La scienza moderna è antidogmatica nel senso che una nuova scoperta viene accolta anche se è in contrasto con ciò che la tradizione dice. Occorre però una scoperta provata, documentata e tale da superare tutti i vagli cui la scienza sottopone le nuove idee. Non c'è spazio per l'opinione di persone che non fanno ricerca e non hanno conoscenze fondate e prove da portare.

Il sapere fondato è spesso molto distante dal senso comune. Certe affermazioni provate e scontate per lo studioso del settore possono risultare incredibili o scandalose per chi non ne ha nozione. Una studentessa al suo primo corso di psicologia durante una lezione sente il bisogno di uscire allo scoperto: "C'è una cosa, professore, che lei ha detto e che non accetterò mai, che la neve sotto la luce della luna riflette all'incirca la stessa quantità di luce del carbone". Eppure per la scienza è verità.

Possiamo leggere ciò che sta accadendo in chiave di erosione delle tradizioni (vedi pagina 134). La scienza moderna si è fatta forte dell'erosione della tradizione, presentandosi come antitradizionale e basata sul confronto critico. Ora la stessa scienza è vittima della diffusa tendenza al confronto critico.

L'uomo comune in linea di principio vorrebbe discutere delle affermazioni scientifiche, come di qualsiasi opinione, pur senza avere gli strumenti intellettuali per farlo e magari senza avere idee chiare su che cosa sia la scienza. Senonché un'idea fondata può essere messa in discussione solo con argomenti altrettanto fondati. Assistiamo così a una crisi della scienza, crisi paradossale, dato che la scienza è più forte che mai e condiziona più che mai la vita degli uomini, ma al tempo stesso è socialmente in crisi, vive una difficoltà nel rapporto con il pubblico dei profani.

In controllo intellettuale sulla produzione è un modo di frenare la crisi sociale della scienza, che fino ad ora ha funzionato abbastanza. Con la seconda esplosione tecnologica il controllo intellettuale sulla produzione si è indebolito drasticamente. Tutti ora hanno la possibilità di divenire autori, di un sito, di un blog, una pagina facebook o un libro in formato cartaceo o elettronico, dato che si diffonde l'autopublishing.

Umberto Eco all'Università di Torino, nel giugno 2015, in occasione della cerimonia in cui gli è stata conferita la laurea honoris causa in "Comunicazione e Culture dei Media" ha fatto affermazioni che hanno indotto alcuni a gridare allo scandalo. Ha detto che in certi media legioni di imbecilli hanno lo stesso diritto di parola di un premio Nobel. A ben guardare è un ritratto spietato, ma esatto della realtà attuale. Dire che è venuto meno il controllo intellettuale sulla produzione è solo un modo più garbato di esprimersi. La sostanza è la stessa.

Il controllo intellettuale sulla produzione sta venendo meno. Ci resta un solo mezzo per cercare di risolvere il problema della lettura: la formazione delle persone da parte delle agenzie culturali. Senza azioni efficaci rischiamo di far circolare tanto materiale che può produrre incomprensione e caos nelle teste.

La crisi sociale della scienza può evolvere anche in senso positivo. Che il sapere consolidato si diffonda e venga discusso fuori dai circoli di esperti può farci fare passi avanti e persino migliorare il livello degli studiosi e dei ricercatori. Occorre però che i vincoli che rendono fondate certe discussioni siano noti e rispettati. Il primo passo, il più elementare, è che i lettori siano in grado di leggere senza prevaricare e offendere i testi. È ora di risolvere il problema di Platone.

Per avere persone in grado di leggere con profitto dobbiamo fare in modo che dispongano di sufficienti conoscenze da integrare con gli stimoli dei testi. Certamente conviene valorizzare la conoscenza e cercare di diffonderla. Forse ancora più importante però è che le persone siano pronte a imparare sempre e a impegnarsi con umiltà nella lettura.

Di fronte a un testo non possiamo correre subito alle conclusioni. Le tante domande che quel testo dovrebbe suscitarci aspettano risposte. Se siamo subito soddisfatti, siamo superficiali. Solo chi entra in crisi di fronte a un testo è un lettore preparato. I teorici della cultura di massa in questo avevano colto nel segno. In quest'ottica le parole di Tocqueville sui lettori che amano testi "che non hanno bisogno di ricerche dotte per essere capiti" fanno riflettere.

Proprio le nuove tecnologie però ci danno una buona ragione per sperare. Oggi abbiamo a disposizione, facilmente accessibili, molte informazioni e conoscenze che ieri era difficile reperire. Se abbiamo sufficiente umiltà, voglia di capire e abilità per gestire la nostra mente, le nuove tecnologie ci supportano.

Ce la faremo? Probabilmente sì, ma ci aspetta una bella sfida.

Lavori citati

Adorno T. (1954) Television and the patterns of massculture. *Quarterly of film, radio and television, 8*, 213-35; trad. it. Televisione e modelli di cultura di massa, in M. Livolsi (a cura di) *Comunicazione e cultura di massa*. Milano: Hoepli, 1969

Ardila A. (1995). Directions of research in cross-cultural neuropsychology. *Journal of Clinical and Experimental Neuropsychology, 77*, 143-150

Arendt H. (1951) *The origin of totalitarism*, Harcourt Brace Jovanovich, Inc, New York; trad. it. *Le origini del totalitarismo*. Milano: Ed. di Comunità, 1999

Arrow K. (1963) *Social choice and individual values*, Wiley, New York; trad. it. *Scelta sociale e valori individuali*. Milano: Etas, 1977

Bolter J.D. (1991) *Writing Space: The Computer, Hypertext and the History of Writing*. Lawrence Erlbaum: Hillsdale (NJ). Also published in hypertext form.

Breton P. (1995) *L'utopie de la communication*, Éditions La Découverte, Paris; trad. it. *L'utopia della comunicazione*. Torino: UTET Libreria, 1996

Boulianne S. (2015) Social media use and participation: a meta-analysis of current research. *Information, Communication & Society*. Volume 18, Issue 5, 524-538

Chartier R. (1992) *L'ordre des livres. Lecteurs, auteurs, bibliothèques en Europe entre le XIV e le XVIII siècle*, Aix en Provence; trad. it. *L'ordine dei libri*. Milano: Il Saggiatore, 1994

Coupland N., Giles H., Wiemann J.M. (1991) (Eds.) *Miscommunication and problemaic talk*. London: Sage

Di Giovanni P. (2007) *Psicologia della comunicazione*. Bologna: Zanichelli

Di Giovanni P. (2009) *Che cos'è la cortesia?* in AA.VV. *Economia della cortesia*. Roma: Carocci

Dooling D.J., Lachman R. (1971) Effects of comprehension on retention of prose.*Journal of Experimental Psychology, 88*, 216-222

Dumont L. (1977) *Homo aequalis*, Gallimard, Paris; trad. it. *Homo aequalis*. Milano: Adelphi,1984

Engelsing R. (1974) *Der Bürger als Leser. Lesergeschichte in Deutschland, 1500-1800*, Stuttgard: Metzler

Gibbs J.L., Rozaidi N.A.,Eisenberg J. (2013) Overcoming the "Ideology of Openness": Probing the Affordances of Social Media for Organizational Knowledge Sharing. *Journal of Computer-Mediated Communication 19*,102 – 120

Gilbert A. J. (1986). *Psychology and social change in the third world: A cognitive perspective.* Dissertazione di dottorato non pubblicata, University of South Africa, Pretoria, South Africa.

Hackman J.R., Morris C.G. (1978) Group process and group effectiveness: A reappraisal. In L. Berkowitz (Ed.) *Group processes*. New York: Academic Press

Hall D.D. (1983) The uses of literacy in New England, 1600-1850, in W.L. Joyce e all. (Eds.), *Printing and society in early America*, Worcester (MA): American Antiquarian Society

Havelock E.A. (1963) *Preface to Plato*. Cambridge (MA): Harvard University Press; trad. it. *Cultura orale e civiltà della scrittura*. Bari: Laterza, 1973

Havelock E.A. (1996) *The preplatonic thinkers of Greece. A revisionist history*. Harvard University Press, Cambridge (Ma.); trad. it. *Alle origini della filosofia greca. Una revisione storica*. Bari: Laterza, 1996

Hattie J (2009) *Visible learning: a synthesis of over 800 meta-analyses relating to achievement.* London-New York: Routledge

Hendry L.B., Kloep M. (2002) *Lifespan development. Resources, challengers and risks. Thompson Learning*: London; trad. it. *Lo sviluppo nel ciclo di vita*. Bologna: Il Mulino, 2003

Higgins S. , Falzon C., Hall I., Moseley D., Smith F., Smith H., Wall K. (2005) '*Embedding ICT in the literacy and numeracy strategies: Final report.*', *Project Report*. University of Newcastle upon Tyne, Newcastle.

Hill, K.A. and Hughes, J. E. (1998) *Cyperpolitics: Citizen Activism in the Age of the Internet.* Oxford: Rowman & Littlefield

Hutchins, Edwin (1995). *Cognition in the Wild.* Cambridge (MA): MIT Press

Jankelevitch V. (1980) *Le je-ne-sais-quoi e le presque-rien.* Paris: Seuil; trad. it: *Il non so che e il quasi niente.* Genova: Marietti, 1987

Kuhn T. (1962) T*he structure of scientific revolutions.* Chicago: The University of Chicago; trad. it. *La struttura delle rivoluzioni scientifiche.* Torino: Einaudi, 1969

La Cecla F. (1997) *Il malinteso. Antropologia dell'incontro.* Bari: Laterza

Leontjev A.N (1965) *Problemy razvitija psichiki.* Moskva: Mir; trad. it. *Problemi dello sviluppo psichico.* Roma: Editori Riuniti, 1976

Littlepage G.E. (1991) Effects of group size and task characteristics on group performance: A test of Stemer's model. *Personality and Social Psychology Bulletin,* 17, 449-456

Loader, B.D. & Mercea, D. (2011). Networking democracy? Social media innovations in participatory politics". *Information, Communication and Society,* 14(6), 757-769.

Lober W.B. , Fowers J. L. Consumer empowerment in health care amid the Internet and social media. *Seminars in Oncology Nursing,* Vol 27, N. 3, 2011, 169-182

Lurija A.R. (1974) *Ob istoricesckom razvitil poznavatel'nych processov*; trad. it. *Storia sociale dei processi cognitivi.* Firenze: Giunti Barbèra, 1976

Maldonado T. (1997) *Critica della ragione informatica.* Milano: Feltrinelli

McGrath J.A. (1984) *Groups: interaction and performance.* Englewood Cliffs (NJ): Prentice Hall

McLuhan M. (1962) *The Gutenberg galaxy.* Toronto: University of Toronto Press; trad. it. *La galassia Gutenberg. Nascita dell'uomo tipografico.* Roma: Armando, 1976

McLuhan M. (1967) *Understanding media.* New York: McGraw-

Hill Book Company; trad. it. *Gli strumenti del comunicare.* Milano: Il Saggiatore,1967

Milgram S. (1969) Interdisciplinary thinking and the small world problem, in M. Sherif, C.W. Sherif (eds.) *Intedisciplinary relationships in the social sciences.* Chicago: Aldine

Moscovitch M. (1982) Neuropsychology of perception and memory in the elderly. In F.I.M. Craik e S.Trehub (eds.) *Aging and cognitive processes.* New York: Plenum

Nell V. (1999). Lurija in Uzbekistan: The vicissitudes of cross-cultural neuropsychology. *Neuropsychology Review,* 9, 45-52

Neisser U (1976) *Cognition and reality. Principles and implication of cognitive psychology.* S. Francisco: Freeman; trad.it. *Conoscenza e realtà.* Bologna: Il Mulino, 1982

Nietzsche F. (1878-79) *Menschliches, Allzumensliches.* trad. it *Umano, troppo umano.* Roma: Adelphi,1982[2]

Norman D.A. (1993) T*hinks that make us smart.* New York: Addison Wesley; trad. it. *Le cose che ci fanno intelligenti.* Milano: Feltrinelli, 1995

Norman D.A. (1988) *The psychology of everyday things.* New York: Basic Books;trad. it. *La caffettiera del masochista.* Firenze: Giunti, 1990

Papacharissi, Z. (2010) *A Private Sphere: Democracy in a Digital Age.* Cambridge: Polity

Popper K.R., Eccles J. (1977) *The self and its brain. An argument for interactionism.* Berlin - Heidelberg - London - New York: Springer-Verlag; trad. it. *L'io e il suo cervello. Materia, coscienza e cultura.* Roma: Armando Armando, 1981

Prentice D.A., Miller D.T. (1993) Pluralistic ignorance and alcohol use on campus: some consequences of misperceiving the social norm. *Journal of Personality and Social Psychology, 64,* 243-256

Richard F.D., Bond D.F. jr., Stokes-Zoota J.J. (2003) One hundred years of social psychology quantitatively described. *Review of General Psychology,* 7, 331-363

Rumelhart D.E., Norman D.A. (1978) Accretion, tuning and restructuring, Three modes of learning, in Cotton J.W., Klatzky R. (eds.) *Semantic factors in cognition.* Erlbaum:Hillsdale (NJ)

Rumelhart D.E., Norman D.A. (1981) Analogical processes in learning, in Anderson J.R. (ed.) *Cognitive skills and their acquisition.* Hillsdale (NJ): Erlbaum

Teng E. L., Manly, J. J. (2005). Neuropsychological testing: Helpful or harmful? *Alzheimer's Disease and Associated Disorders,* 19, 267-271

Tindale R.S. (1993) Decision errors made by individuals and groups. In N. J. Catellan jr. (Ed.) *Individual and group decision making.* Erlbaum: Hillsdale (N.J.)

Tocqueville A.de (1835-1840) *De la démocratie en Amérique.* Paris: C. Gosselin; trad. it. *La democrazia in America in Scritti politici.* Torino: UTET, 1969

van Uden-Kraan C.F., Drossaert C.H.C., Taal E., Seydel E.R., van de Laar M.A.F.J. (2009) Participation in online patient support groups endorses patients' empowerment. *Patient Education and Counseling 74* 61–69

Vygotskij L.S. (1960) *Development of higher psychological function.* Moskva

Watzlawitck P., Beavin J., Jackson D.D. (1967) *Pragmatic of human communication. A study of interactional patterns, pathologies, and paradoxes.* New York: W.W. Norton & Co.; trad. it. *Pragmatica della comunicazione umana.* Roma: Astrolabio, 1971

Wiener N. (1950) *The human use of human beings.* Boston: Hougton Mifflin Company; trad. it. *Introduzione alla cibernetica. L'uso umano degli esseri umani.* Torino: Boringhieri, 1966

Zajonc R.B. (1965) Social facilitation. *Science,* 149,, 269-274

Parisio Di Giovanni
Psicologia della comunicazione

*Un manuale, un classico del settore
per capire la comunicazione*

*Fornisce le nozioni di base di psicologia
e poi tratta*
- *la comunicazione nel regno animale*
- *il linguaggio*
- *la comunicazione non verbale*
- *la comunicazione interpersonale*
- *persuasione e miscommunication*
- *la comunicazione attraverso i media*

Adele Bianchi e Parisio Di Giovanni
Mio fratello cancro

*La cura del cancro sta cambiando, sia
perché i progressi della ricerca ci fanno
capire meglio com'è realmente questa
malattia, sia perché il mondo di oggi richiede un approccio diverso. Curare il
cancro non è semplicemente un problema tecnico, per cui non basta mettersi in buone mani o trovare il rimedio
giusto. Il modo in cui pensiamo, comunichiamo, ci rapportiamo agli altri è decisivo. Spesso si pensa che occuparsi
degli aspetti psicologici e sociali è solo
di supporto. Invece è determinante per
i risultati che otteniamo. Gli autori raccontano la storia incredibile di Helen
e Leonard Bee, una storia vera che fa capire quanto contino certe cose spesso
trascurate.*

visita il sito <curare il cancro intelligentemente>

libri disponibili su